Für Floor, Matt und Saar

Marieke ten Berge · Jesse Goossens:
Unser wildes Zuhause – Tiere im hohen Norden
ISBN 978 3 8489 0202 6

Aus dem Niederländischen von Eva Schweikart
Die Originalausgabe erschien 2021 unter dem Titel Noord bei Lemniscaat b. v., Rotterdam
Einbandtypografie: Doris Grüniger, buchundgrafik.ch
Innentypografie: Bettina Wahl
Reproduktion: HKS-artmedia, Ostfildern
Druck und Bindung: Livonia Print, Riga

MIX
Papier aus verantwortungsvollen Quellen
FSC® C002795

Printed in Latvia.
www.aladin-verlag.de

Marieke ten Berge

UNSER WILDES ZUHAUSE

TIERE IM HOHEN NORDEN

Mit Texten von Jesse Goossens

Aus dem Niederländischen von
Eva Schweikart

ALADIN

Warum dieses Buch?

Durch meine Leidenschaft für den hohen Norden, insbesondere für die Polargebiete, und durch meine Liebe zu Illustrationen und Bildern hatte ich schon lange den Wunsch, ein Buch über die Schönheit dieses Teils der Erde zu machen.

Seit vielen Jahren reist unsere Familie nach Skandinavien. Es fühlt sich jedes Mal wie Nachhausekommen an: die unberührte weite Natur, ihre Farben und die Tiere, die dort leben. Ich selbst hatte das Glück, mich eine Weile auf Spitzbergen aufzuhalten, mit den Bewohnern zu sprechen und für dieses Buch zu recherchieren.
Die Natur im Norden ist sehr verletzlich. Nirgendwo auf der Erde sind die Folgen des Klimawandels deutlicher spürbar als in den Polargebieten. Das Sommereis schwindet. Die Gletscher schmelzen. Der Permafrost taut auf. Die Meere erwärmen sich ... Sehr viele Tiere sind in ihrer Existenz bedroht.

Gerade diese Tiere, die größter Kälte trotzen und oft unter extremsten Bedingungen leben, faszinieren mich. Sie verdienen Aufmerksamkeit, Bewunderung und Schutz.

In diesem Buch nehme ich dich mit auf eine Reise in den hohen Norden und stelle dir Tiere vor: bekannte und unbekannte, seltsame, lustige, intelligente und ganz besondere, von denen du kaum glauben magst, dass es sie gibt.

Lern diesen wunderschönen Teil der Erde und seine tierischen Bewohner kennen. Du wirst feststellen, dass es sich lohnt, sich für ihren Schutz und den unseres ganzen Planeten einzusetzen.

Viel Vergnügen bei deiner Reise durch dieses Buch!

Marieke ten Berge

RENTIER

GANZ egal, wie leise ich mich fortbewege, du hörst mich immer kommen, wenn du aufmerksam bist. In meinem Fuß spannt sich nämlich bei jedem Schritt eine Sehne über einen Knochen, und dabei klickt es. Vielleicht sieht es so aus, als würde ich nur ein wenig umhertrotten, aber ich bringe es auf fast 5.000 Kilometer im Jahr – mehr als jedes andere Landsäugetier. Nicht allein, das wäre langweilig. Unsere Paarungszeit ist im Oktober und wenn sich im Frühling viele Herden zu einer großen zusammenschließen, besteht meine Gruppe aus etwa 100.000 Tieren, ich habe aber schon von fünfmal größeren gehört! Bis so viele Rentiere vorbeigezogen sind, dauert es ganz schön lange – da sollte man als Beobachter keinen dringenden Termin haben.

VON unwegsamem Gelände lassen wir uns nicht abschrecken. Wenn nötig, durchschwimmen wir wilde Flüsse und wagen uns sogar ins **POLARMEER**. Meine Füße passen sich den Gegebenheiten an. Im Sommer spreizen sich die gespaltenen Hufe, damit ich nicht im weichen Boden einsinke, im Winter bilden sie vorn eine Kante, mit der ich in Schnee und Eis nach **RENTIERFLECHTEN** scharre.

Du kannst dir vorstellen, dass es im Winter schwierig für mich ist, genügend Flechten und Pilze als Nahrung zu finden. Und ich brauche zwischen vier und acht Kilo am Tag! Zum Glück ist mein Geruchssinn sehr gut, so schnuppere ich mir rasch eine Mahlzeit zusammen.

KENNST du das berühmte Weihnachtslied von **RUDOLF, DEM ROTNASIGEN RENTIER**? Meine Nase ist tatsächlich rot, aber das ist nur auf Wärmebildern sichtbar. Sie ist von vielen kleinen Blutgefäßen durchzogen, die meine Atemluft erwärmen, bevor sie in die Lunge strömt. Was im kalten Norden kein überflüssiger Luxus ist, das versichere ich dir! Warm halten mich auch meine Fellhaare, die innen hohl sind und so eine Isolierschicht bilden.

WIR sind die einzige Hirschart, bei der nicht nur Bullen wie ich, sondern auch Kühe ein Geweih tragen. Im Vergleich zu unserer Körpergröße haben wir das größte und schwerste Geweih aller Hirscharten. Mein Geweih ist etwas ganz Besonderes: Ich bin ein **VIERZIGENDER**, das heißt, mein Geweih ist so verzweigt, dass es 40 Enden hat und 1,4 Meter breit ist. Welcher Jäger würde sich nicht gern solch eine Trophäe an die Wand hängen? Nach der Paarungszeit werfe ich mein Geweih ab und bin dann ein paar Monate mit leichterem Kopf unterwegs.

NUN denkst du vielleicht, ein so eindrucksvolles Tier wie ich hätte keine Feinde. Aber weit gefehlt! Vielfraße, Bären und Adler finden mich sehr appetitlich. Und auch beim Schwimmen lauert Gefahr: Einmal wurde sogar ein komplettes Rentier im Bauch eines **GRÖNLANDHAIS** gefunden! Wenn nötig, sind wir erstaunlich schnell: Den Kopf erhoben und den Schwanz gestreckt, galoppieren wir mit gut 75 km/h davon.

Jetzt aber trotte ich gemächlich weiter: **KLICK-KLICK-KLICK**.

ART: Säugetiere › Paarhufer › Hirsche › *Rangifer* › *Rangifer tarandus*
VORKOMMEN: Tundren von Grönland, Skandinavien, Russland sowie Kanada und Alaska (dort als Karibu bezeichnet)
LÄNGE: 160–210 cm
HÖHE: 85–150 cm
GEWICHT: 80–180 kg
LEBENSERWARTUNG: 13–17 Jahre
BESTAND: 4.000.000 (wild lebend)
GEFÄHRDUNG: verletzlich

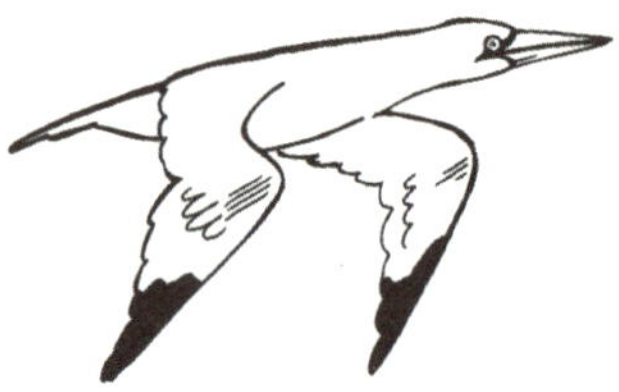

BASSTÖLPEL

ART: Vögel > *Suliformes* > Tölpel > *Morus* > *Morus bassanus*
VORKOMMEN: Ostküste von Nordamerika bis Golf von Mexiko und Westküste von Europa bis Nordküste von Afrika
LÄNGE: 80–110 cm
FLÜGELSPANNWEITE: bis 200 cm
GEWICHT 2–3,5 kg
LEBENSERWARTUNG: 16–24 Jahre
BESTAND: ca. 530.000 Tiere, steigend
GEFÄHRDUNG: nicht gefährdet

HUNGER! Ich habe so gut wie immer Appetit. Dutzende Meter über dem Meer fliegend, erspähe ich meine Beute, zum Beispiel einen leckeren Hering oder eine Makrele oder einen Tintenfisch. Im Sturzflug stoße ich mit **FAST 110 KM/H** hinab und lege erst im letzten Moment die Flügel an. Meine Halsmuskeln und mein Brustbein sind sehr kräftig, sodass mir die Wucht des Aufpralls nichts ausmacht. Noch unter Wasser schlucke ich meinen Fang hinunter. Dann steige ich wieder an die Oberfläche. Dabei helfen mir kleine **LUFTSÄCKCHEN** unter der Haut, sie wirken wie eine Rettungsweste.

VOM Wasser kann ich leichter auffliegen als vom Land, und ich bin auch ein ziemlich schlechter Läufer.

Ich fliege gern hinter Fischkuttern her. Manchmal ergattere ich einen Fisch, wenn das Netz eingeholt wird. Und wenn nicht, nehme ich mit dem vorlieb, was über Bord geworfen wird. Das ist aber nicht ungefährlich. Wenn man an die Haken von **LANGLEINEN** gerät, gibt es keine Rettung mehr.

ZUR Paarungszeit finden wir uns seit Generationen am selben Ort ein. Unsere Kolonie besteht aus Tausenden Nestern.

Als Jungvogel habe ich mir ein leeres Nest gesucht, später dann habe ich aus Tang und Treibgut ein eigenes gebaut.

NIE werde ich vergessen, wie ich meine Liebste umworben habe. Mit anderen Weibchen flog sie niedrig über die Kolonie hinweg, um nach Männchen Ausschau zu halten. Ich habe eifrig den Kopf vor und zurück geworfen, wie zu einer **VERBEUGUNG**. Und es hat geklappt! Kurz darauf wollte mir ein Konkurrent mein Weibchen abspenstig machen. Das hätte er besser nicht getan, denn bei unserem Kampf brach er sich das Genick.

In den folgenden Jahren musste ich noch mehrmals andere Männchen abwehren, aber Tote gab es nicht mehr. Nur hin und wieder einen gebrochenen Flügel, was allerdings auf dasselbe hinausläuft.

MEIN Weibchen brütet schon im Januar, ihre weiter nördlich lebenden Artgenossinnen erst im März oder April. Sie legt **EIN EINZIGES EI** und setzt sich darauf. Es ist schon vorgekommen, dass wir unser Ei verloren haben: Dann hat sie ein neues gelegt.

ICH muss gestehen, dass ich jedes Mal staune, wie hässlich so ein kleiner Basstölpel direkt nach dem Schlüpfen ist: federlos und mit **BLAUSCHWARZER** Haut. Aber vom ersten Augenblick an gefräßig! Wir Eltern sind dann ständig unterwegs, um Nahrung zu besorgen. Manchmal fliegen wir dafür bis zu 320 Kilometer. Das Junge holt das Futter aus unserem Schlund. Innerhalb von drei Monaten wächst es zu einem dicken Federknäuel heran.

Nachdem es das Nest verlassen hat, treibt es auf dem Wasser und kann noch nicht tauchen. Aber nach zwei, drei Wochen Fasten ist es rank und schlank, taucht nach Fischen und verbringt, wie wir, den größten Teil des Jahres auf dem Meer.

WIE schön, dass du vorbeikommst! Heute ist nämlich mein Geburtstag. Ich werde **150 JAHRE** alt. Dafür habe ich mich gut gehalten, was? Du meinst, ich lache, weil das ein Scherz ist? Nein, kein Scherz. Und ich lache auch nicht, mein Maul ist so geformt. Wir Grönlandwale sind beweglicher als man denkt. Ich kann komplett aus dem Wasser springen, trotz meiner **80.000 KILO**. Nach dem Blauwal bin ich das zweitschwerste Tier der Erde.

SCHON seltsam, dass ein Riese wie ich sich von Kleingetier ernährt. Obwohl ich das **GRÖSSTE MAUL** aller Tiere habe – drei Meter breit und sechs Meter lang –, sind die größten Fische, die ich fresse, kaum 20 Zentimeter groß. Kein Wunder, dass ich den ganzen Tag futtere. Ich muss aber nicht jagen, sondern schwimme einfach mit offenem Maul herum, und dabei filtern meine Barten pro Tag bis zu 2000 Kilo **PLANKTON** und Kleinfische aus dem Wasser.

ART: Säugetiere > Wale > Bartenwale > Glattwale > *Balaena* > *Balaena mysticetus*
VORKOMMEN: arktische und subarktische Gewässer am Rand des Packeises
LÄNGE: bis 20 m
GEWICHT: 80.000–100.000 kg
LEBENSERWARTUNG: über 200 Jahre
BESTAND: 18.000
GEFÄHRDUNG: nicht gefährdet

GRÖNLANDWAL

DASS es uns heute noch gibt, ist fast ein Wunder. Denn wir wurden lange Zeit wegen unseres Specks (Blubber genannt) und der Hornplatten im Maul (**DEN BARTEN**) gejagt – so stark, dass unsere Art fast ausgestorben wäre. Aus dem Speck hat man durch Auskochen Tran gewonnen, der für alles Mögliche verwendet wurde, von Lampenöl bis Seife. Und die Barten brauchte man für Damenkorsetts, Reitpeitschen, Regenschirme und sogar medizinische Instrumente. Von allen Walen besitze ich übrigens die längsten Barten: Sie messen bis zu fünf Meter, und ich habe Hunderte davon!

WER mich vom Schiff aus beobachtet, sieht normalerweise zwei dunkle Hubbel: meinen Kopf und meinen Rücken. Und wenn ich ausatme, spritzt eine V-förmige **FONTÄNE** hoch. Das Wasser kommt aber nicht etwa aus meiner Lunge. (Ja, ich habe eine Lunge und bin wie du ein Säugetier!) Sie kommt dadurch zustande, dass ich das Wasser über meinen beiden Blaslöchern hochpuste.

MEIN Kopf ist so groß und massiv, dass ich als einziger Wal zum Luftholen Löcher ins Eis brechen kann. In bis zu 60 Zentimeter dickes Eis! Die kleineren **BELUGAS** wissen das und halten sich darum gern in meiner Nähe auf. Ich mag es, nette Gesellschaft zu haben. Mein einziger Feind ist der Orca, aber nur, wenn er in der Gruppe jagt. Ein einzelner Orca hat keine Chance gegen einen Giganten wie mich.

HÖRST du meine Freunde in der **FERNE**? Wissenschaftler haben herausgefunden, dass unsere Gesänge sich wie Freestyle Jazz anhören. Wir haben übrigens ein Repertoire von über 180 Liedern. So, jetzt schwimme ich zu den anderen und singe mit. Komm doch in 50 Jahren wieder vorbei!

ICH ähnele einem Seehund, bin aber kleiner als mein Verwandter. Siehst du die schönen GRAU-WEISSEN RINGE auf meinem Rücken? Ihnen verdanke ich meinen Namen. Bei meiner Geburt bin ich weiß und WOLLIG. Nach sechs bis acht Wochen wird mein Fell dunkelgrau, und bei genauem Hinsehen kann man schon die ersten Ringe erkennen. Sie werden nach und nach deutlicher.

ICH bin gern allein. Von meinen Artgenossen halte ich meistens großen Abstand. Nur zur PAARUNGSZEIT im April suche ich Gesellschaft.

ALS Lieblingsspeise des Eisbären muss ich dauernd auf der Hut sein. Ich halte mich darum nie am Rand einer Eisscholle auf, sondern in der Mitte, nahe bei einem Riss. So kann ich bei Gefahr rasch abtauchen.

MIT den kräftigen Krallen an meinen Vorderflossen kann ich Atemlöcher ins Eis graben. Die Eisbären wissen das und lauern mir dort auf. Aber ich bin schlau und lasse erst einmal BLASEN aufsteigen. Wenn dann ein Eisbär die Pranke ausfährt, suche ich das Weite.

ABER so schlau ich es auch anstelle, um meinen FRESSFEINDEN – Eisbären, Orcas, Grönlandhaien und Walrossen – zu entwischen, einer Bedrohung entkomme ich nicht: dem Menschen. Die rund um den NORDPOL lebenden Völker fangen meine Freunde, um sie zu essen. Andere von uns geraten in die Schleppnetze von Fischern und ertrinken. Und die globale Erwärmung lässt das Meereis in meinem Lebensraum schmelzen. Dadurch bin ich gezwungen, mich näher bei meinen Artgenossen aufzuhalten, außerdem ist der Schnee auf dem Eis weg, in dem ich eine Geburtshöhle anlege. Dadurch ist mein Nachwuchs ungeschützt und eine LEICHTE BEUTE für Polarfüchse und Eismöwen.

RINGELROBBE

ART: Säugetiere > Raubtiere > Hundsrobben > *Pusa* > *Pusa hispida*
VORKOMMEN: rund um den Nordpol
LÄNGE: 100–175 cm
GEWICHT: 32–140 kg
LEBENSERWARTUNG: 25–30 Jahre
BESTAND: 1.500.000
GEFÄHRDUNG: nicht gefährdet

ICH bin die einzige Robbe, die Atemlöcher frei halten kann. Deshalb verjagen andere mich manchmal von dort. Aber das ist kein Problem, ich lege einfach ein neues Loch an – wenn nötig in bis zu zwei Meter dickem Eis.

Gegen all das sind wir machtlos. Noch gibt es viele Ringelrobben, aber wenn niemand etwas zu unserem Schutz unternimmt, wird sich das bald ändern.

HERMELIN

KANNST du mich im Schnee sehen? Wahrscheinlich nicht, denn mein Winterfell ist komplett weiß – bis auf die **SCHWARZE SCHWANZSPITZE.** Im Frühling bekomme ich wieder ein braunes Fell, dann ist nur noch mein Bauch weiß, und ich bin im Gestrüpp gut getarnt. Schlau, nicht wahr?

LEIDER ist mein weißes Fell bei euch Menschen sehr begehrt. Seit dem Mittelalter wurden **KÖNIGSMÄNTEL** damit gefüttert. Wir werden aber nicht geschoren wie Schafe, sondern umgebracht! Sieh dir mal ein Bild von solch einem Prunkmantel an und zähl die schwarzen Quasten – dann weißt du, wie viele von uns dafür sterben mussten.

WENN wir Angst haben, versprühen wir eine **ÜBELRIECHENDE FLÜSSIGKEIT**, so wie Stinktiere. Wir werden darum auch Stinkmarder genannt. Die Menschen stellen uns trotzdem nach, aber Tiere, die es auf uns abgesehen haben, wie Füchse, Dachse und Hauskatzen, können wir so in die Flucht schlagen.

ART: Säugetiere > Raubtiere > Marder > *Mustela* > *Mustela erminea*
VORKOMMEN: Nordamerika, Nordeuropa und Nordasien
LÄNGE: 17–33 cm
SCHWANZLÄNGE: 6,5–12 cm
GEWICHT: 180–400 g
LEBENSERWARTUNG: 1–7 Jahre
BESTAND: nicht bekannt
GEFÄHRDUNG: nicht gefährdet

EINE ängstliche Natur bin ich aber nicht. Ich jage sogar Tiere, die größer sind als ich und töte sie mit einem Nackenbiss. Beim Jagen hilft mir, dass ich gut höre, sehe und rieche, dass ich schnell laufen, auf Bäume klettern und sogar gut schwimmen kann. Nur selten entkommt mir ein Beutetier. Am liebsten fresse ich Schermäuse und Pfeifhasen, aber auch Vögel und Fische verschmähe ich nicht.

MAN findet mich überall, wo es genug zu fressen gibt: in den Bergen, in der Ebene, an der Küste, in Sumpfgebieten und sogar in Städten, wo ich Ratten jage. Ich habe mehrere **HÖHLEN**. Sie wurden von Kaninchen oder anderen Nagern angelegt, die ich verspeist habe. So schlage ich zwei Fliegen mit einer Klappe, wie ihr Menschen sagt: Erst bekomme ich eine Mahlzeit, dann eine Behausung. Mit dem Fell meiner Beutetiere polstere ich das Nest für meine Jungen, damit sie es warm und weich haben.

WEIL wir nicht alt werden, bekommen wir üblicherweise nur ein einziges Mal **JUNGE**. Dann aber gleich viele, bis zu 15 Stück! Es ist schon passiert, dass ein Hermelinweibchen zwei Würfe im Leben hatte, aber das ist so selten, dass ich nicht damit rechne.

ICH bin ganze 300 Tage trächtig, wenn man es genau nimmt. Nach der Paarung im Sommer wachsen die Jungen aber nicht sofort in meinem Bauch heran. Erst im folgenden Frühling, wenn es wärmer wird und es viel zu fressen gibt, beginnen sie zu wachsen und werden einen Monat später geboren: **BLIND, TAUB UND NACKT**. Ich kümmere mich ganz allein um sie, denn der Vater hat sich längst aus dem Staub gemacht.

AM liebsten bin ich allein, darum stört es mich nicht, wenn die Jungen sich nach zwölf Wochen selbstständig machen. Meine Söhne sind dann bereits größer als ich und einige meiner Töchter schon **TRÄCHTIG** – um im Jahr darauf ihre Jungen zu bekommen, die sie ebenfalls allein aufziehen.

OBWOHL ich klein bin, fliege ich weiter, als du dir vorstellen kannst. Jedes Jahr lege ich bis zu **90.000 KILOMETER** zurück. In meinem Leben sind das rund 2,4 Millionen Kilometer – dreimal zum Mond und wieder retour. Bei meiner Geschwindigkeit von 35 bis 40 km/h komme ich auf 2.400 Flugstunden jährlich. Das ist etwa viermal so viel, wie ein Pilot durchschnittlich in der Luft verbringt. Ich schlage aber nicht die ganze Zeit mit den Flügeln, das wäre viel zu anstrengend. Ich nutze die Luftströmungen und kann sogar beim Schweben schlafen.

WÄHREND meiner langen Flüge verschwende ich keine Zeit mit der Nahrungssuche. Ich verharre in der Luft – so **WIE EIN KOLIBRI** es macht – und halte nach Fischen Ausschau. Wenn ich einen erspähe, stoße ich blitzschnell hinab, um die Beute aus dem Wasser zu holen. Die verspeise ich beim Weiterfliegen. Wenn ein anderer Vogel etwas Leckeres im Schnabel hat, dann erschrecke ich ihn, indem ich direkt auf ihn zufliege. Lässt er seinen Fang daraufhin los, ergreife ich ihn im Sturzflug.

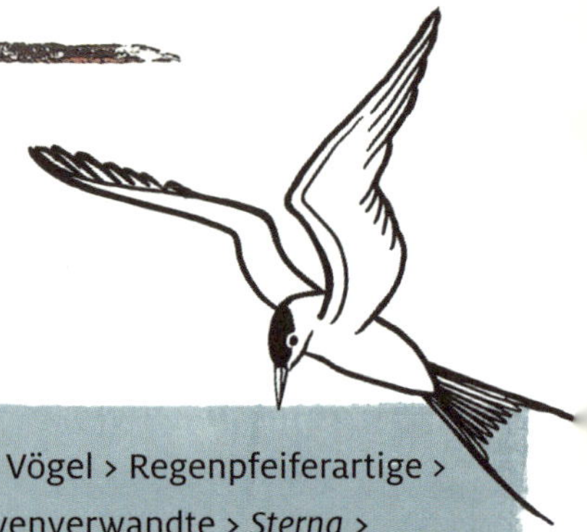

ART: Vögel > Regenpfeiferartige > Mövenverwandte > *Sterna* > *Sterna paradisaea*
VORKOMMEN: gesamte Arktis und Antarktis
LÄNGE: 25–40 cm
FLÜGELSPANNWEITE: 80–95 cm
GEWICHT 85–125 g
LEBENSERWARTUNG: 20–30 Jahre
BESTAND: über 1.000.000
GEFÄHRDUNG: nicht gefährdet

KÜSTENSEESCHWALBE

DU fragst dich vielleicht, warum ich so viel fliege. Es kommt daher, dass ich an den **ARKTISCHEN KÜSTEN** und in der Tundra brüte, den Winter über aber im Süden lebe – wo dann Sommer ist. So habe ich jedes Jahr zwei Sommer und halte mich von allen Tieren die meiste Zeit im Tageslicht auf.

EIN gefangener Fisch spielt auch eine wichtige Rolle, wenn ich um ein Weibchen werbe. Ob ein Weibchen mich mag, merke ich daran, dass es mir folgt, wenn ich hoch in die Luft steige. Gefällt das Weibchen mir auch, fange ich einen Fisch und fliege damit tief über unseren ruhenden **SCHWARM** hinweg. Schließlich lande ich vor ihr und biete ihr den Fisch an. Wenn sie ihn nimmt, sind wir ein Paar. Wir bauen ein Nest am Boden, und ich versorge mein Weibchen mit Futter, während es Eier legt, die wir danach gemeinsam ausbrüten.

VON unserem Nest hältst du dich am besten **FERN**, weil ich sonst angreife und nach dir picke! Andere Vögel wissen das und nisten gern in der Nähe, um ebenfalls vor Feinden geschützt zu sein.

Wenn die Küken geschlüpft sind, laufen sie schon nach drei Tagen um das Nest herum. Das bedeutet aber nicht, dass meine Vaterpflichten damit erledigt wären. Noch drei bis vier Wochen bringe ich ihnen Futter – erst dann lernen sie fliegen. Nach ein, zwei weiteren Monaten sind sie selbstständig und bereit für ihre erste lange Reise.

ICH kann fliegen! Na ja, eigentlich eher gleiten. Aber ich sage **FLIEGEN**. Dank der großen Haut zwischen meinen Vorder- und Hinterbeinen kann ich von Baum zu Baum fliegen. Ich klettere bis zum höchsten Ast, springe ab und strecke meine Gliedmaßen aus, sodass die Haut sich aufspannt. **MEIN SCHWANZ** dient beim Segeln durch die Luft als Steuer. Auf diese Weise schaffe ich bis zu 100 Meter!

MENSCHEN bekommen mich so gut wie nie zu sehen. Nicht nur, weil ich mich versteckt halte, sondern auch, weil ich ein **NACHTTIER** bin. Das erkennt man an meinen großen Augen, mit denen ich im Dunkeln gut sehe. Wegen der großen Augen und weil ich den Eindruck mache, als hätte ich ständig ein Lächeln im Gesicht, finden die Menschen mich superniedlich.

ART: Säugetiere > Nagetiere > Hörnchen > *Pteromys* > *Pteromys volans*
VORKOMMEN: Finnland über Nordasien bis Japan
LÄNGE: 13–20 cm
SCHWANZLÄNGE: 9–14 cm
GEWICHT: ca. 130 g
LEBENSERWARTUNG: 5–11 Jahre
BESTAND: nicht bekannt
GEFÄHRDUNG: verletzlich

EUROPÄISCHES GLEITHÖRNCHEN

HABE ich mein Ziel – den nächsten Baum – erreicht, dann schlage ich meine Krallen in die Rinde und sehe zu, dass ich ein Versteck finde. Damit mich keine Eule zu fassen bekommt. Für Eulen bin ich nämlich eine „fliegende Köstlichkeit“.

Um vor ihnen und Mardern sowie Hauskatzen sicher zu sein, verbringe ich viel Zeit in meinem Nest. In alten **KIEFERN, ZEDERN ODER TANNEN** suche ich mir eine verlassene Spechthöhle. Wie ich gehört habe, sind auch schon Artgenossen in Nistkästen eingezogen.

AM Boden halte ich mich nie auf. Das ist auch nicht nötig, weil ich auf den Bäumen alles finde, was ich brauche. Genug zu fressen – im Sommer Blätter und im Winter Birken- und Erlenkätzchen; ich mag aber auch Nüsse, Samen, Beeren, Knospen und hin und wieder ein Vogelei. Und in den Bäumen habe ich ein Nest, das ich mit meinem Weibchen bewohne und das wir mit Bartflechten auspolstern, um unsere Jungen darin großzuziehen – zwei Würfe pro Jahr.

MEINE Art gibt es schon sehr lange. Fragt sich nur, ob wir eine Zukunft haben. Ich lebe ja in den **WÄLDERN DES NORDENS**. Dort findet man ein Viertel aller Bäume der Erde. Und stell dir vor: Jedes Jahr verschwinden 2,5 Millionen Hektar Wald! Weil ihr Menschen zum Beispiel Toilettenpapier braucht oder weil aufgrund der globalen Erwämung Brände ausbrechen. 2,5 Millionen Hektar, das ist mehr als die Fläche von Mecklenburg-Vorpommern! Wundert es dich da, dass ich mich verstecke?

DU kannst übrigens herausfinden, wo! Wenn du durch einen alten Nadelwald gehst, musst du unter den Bäumen Ausschau nach orangegelben „Reiskörnern“ halten. Findest du welche, dann weißt du, dass ich mein Nest in dem Baum habe; die Körnchen sind nämlich meine Köttel.

ART: Säugetiere> Raubtiere > Marder > *Lutra* > *Lutra lutra*
VORKOMMEN: Gewässer und Küsten von Europa, Asien und Nordafrika
LÄNGE: 57–95 cm
SCHWANZLÄNGE: 35–45 cm
GEWICHT: 7–17 kg
LEBENSERWARTUNG: 17–22 Jahre
BESTAND: nicht bekannt
GEFÄHRUNG: fast gefährdet

TAGSÜBER schlafe ich. Weil ich mich nicht gern anstrenge, mache ich das in der Höhle, die ein anderes Tier gegraben hat. Meine **BEHAUSUNG** ist der aufgegebene Bau eines anderen Tiers, also ohne Mitbewohner. Bei einigen Verwandten von mir ist das anders: Sie teilen sich mit Bibern deren Burg! Ich bin ein Einzelgänger. Wenn ein Weibchen von mir Junge bekommt, bleiben sie gut ein Jahr bei ihr. Aber mit der Kinderaufzucht habe ich nichts zu tun. Das will die Mutter auch gar nicht. Wenn ich nicht von selbst gehe, verjagt sie mich.

ICH selbst finde, dass mein Kot normal riecht, aber ihr Menschen seid euch da nicht einig. Für manche stinkt er so grässlich, dass sie die Flucht ergreifen, andere lieben den Geruch geradezu und vergleichen ihn mit dem von Veilchen oder Jasmintee (was immer das auch sein mag). Sie nennen meinen Kot „**LOSUNG**" – ich sage lieber „Kacke".

FISCHOTTER

SEMIAQUATISCH – weißt du, was das heißt? Nein? Ich bin semiaquatisch! Aber dadurch weißt du nicht viel mehr. Es ist so: Ich verbringe meine Zeit teils an Land und teils im Wasser. Egal, in was für Wasser. Weil ich nun mal eine **WASSERRATTE** bin – pardon: ein Fischotter natürlich! Man findet mich an Bächen, Flüssen und Seen, in Sumpfgebieten und an der Küste. Hauptsache, es sind viele Pflanzen vorhanden.

ABENDS mache ich mich auf Nahrungssuche. Ich hole mir **FISCHE** und **FLUSSKREBSE** aus dem Wasser, finde aber auch an Land eine Mahlzeit: Eier, einen Vogel, einen Frosch ... Da kommt leicht ein Kilo pro Tag zusammen.

WAS ich mir einverleibe, kann ich nicht alles vollständig verdauen. Darum enthält mein Kot Schuppen, Gräten und Stücke von Krebspanzern.

Mit Kot markiere ich mein Revier. Dazu mache ich ein Häufchen aus Sand, Moos oder Pflanzenteilen und setze mein eigenes Häufchen darauf! Dann merken andere Fischotter gleich, dass sie sich fernhalten müssen.

HAST du gewusst, dass wir jahrhundertelang mit Menschen zusammengearbeitet haben? Beim Fischfang! Jungtiere wurden darauf trainiert, Fische in Netze zu treiben. Das hat prima geklappt, und für die Schlauen fiel nebenbei ein leckerer Happen ab. Und der Fischer konnte am Morgen mit bis zu zehn Kilo Fang nach Hause gehen. Das sollte für eine Weile reichen, denkt man ... aber von wegen: In der Nacht darauf mussten die tierischen Helfer wieder ran! Aber das war früher. Heute wird das **OTTERFISCHEN** nur noch in einem kleinen Teil von **BANGLADESCH** betrieben, und auch nicht mit Vertretern meiner Art, sondern mit Glattottern. Mir ist jedenfalls die Freiheit lieber!

POLARWOLF

Es ist dunkel, fünf Monate lang. Im hohen Norden, wo ich lebe, wird es den ganzen langen Winter nicht hell.

Du denkst vermutlich, dass ich auf dem Bild den Mond anheule, aber dem ist nicht so: Ich rufe das Rudel zusammen. Mit meinem **ALPHAMÄNNCHEN** führe ich, das Alphaweibchen, unser Rudel an. Woran man mich erkennt? Wenn ich mit den anderen beisammenstehe, mache ich mich groß und stelle stolz den Schwanz auf. Meine Untergebenen lassen ihre Schwänze hängen, machen sich in meiner Nähe klein und winseln ein bisschen. Manche legen sich sogar auf den Rücken oder lecken mir die Schnauze.

In unserem Lebensraum herrschen oft Temperaturen von -30 Grad, und der Boden ist **GEFROREN**. Kein Wunder, dass es hier nicht von Beutetieren wimmelt; solch eine Kälte können nur wenige aushalten. Darum nehmen wir, was wir kriegen können. Am liebsten einen Moschusochsen oder ein Karibu.

Wiederum angeführt von mir und meinem Alphamännchen greifen wir im **RUDEL** an. Erst isolieren wir ein Tier von seiner Herde, dann jagen wir es bis zur Erschöpfung, und schließlich stürzen wir uns darauf. Mein Männchen und ich lassen uns als Erste die besten Stücke schmecken. Dabei kommt mir zugute, dass ich 42 scharfe Zähne habe.

Die anderen Wölfe des Rudels vertilgen den Rest – sprich: das ganze Tier mit Haut und Haaren. Wählerisch sein können sie nicht, denn es geht darum, sich Fett für den Winter anzufressen. Ist keine große Beute zu finden, müssen wir mit **POLARHASEN, POLARFÜCHSEN ODER NISTENDEN VÖGELN** vorliebnehmen.

Ich bin die Einzige in meinem Rudel, die **JUNGE** bekommt. Die anderen Weibchen dürfen sich nicht einmal paaren – nur mein Männchen und ich dürfen das. Wenn ich Nachwuchs erwarte, sondere ich mich von den anderen ab und grabe einen Bau. Ist der Boden zu hart, nehme ich auch mal einen vorhandenen Bau. Darin bringe ich meine Welpen zur Welt – meistens vier. Sie sind blind und taub und ganz von mir abhängig. Ich kann sie in der ersten Zeit nicht allein lassen, darum sorgen mein Männchen und das Rudel für Futter.

Die Welpen stehen in der Rangordnung des Rudels an unterster Stelle. Aber sie bekommen als Erste Futter, damit sie groß und stark werden. Nach **ZEHN MONATEN** können sie selbstständig jagen und kommen gut ohne mich zurecht. Meine Töchter bleiben in der Gruppe, von meinen Söhnen dagegen geht immer wieder mal einer fort, um ein eigenes Rudel zu gründen.

Ein Männchen, das auf der Suche nach Weibchen oder Nahrung allein umherstreift, nennt man lone wolf, das bedeutet „**EINSAMER WOLF**". Ihr Menschen benutzt diesen Begriff für terroristische Einzeltäter. Nicht sehr schmeichelhaft!

ART: Säugetiere > Raubtiere > Hunde > *Canis* > *Canis* lupus > *Canis lupus arctos*
VORKOMMEN: Norden von Kanada, Grönland
HÖHE: 65–80 cm
LÄNGE: 100–180 cm
GEWICHT: 45–70 kg
LEBENSERWARTUNG: 7–20 Jahre
BESTAND: 200.000
GEFÄHRDUNG: nicht bekannt

WIR können tief tauchen: beinahe eineinhalb Kilometer. Und fast zwei Stunden unter Wasser bleiben – obwohl ich normalerweise schon nach einer Viertelstunde wieder auftauche. In der Tiefe jage ich nach meiner LIEBLINGSSPEISE: Tintenfisch. Aber ich mag auch Fische, Seegurken und Seesterne.

ICH habe Zähne, aber man sieht sie nicht, weil sie nicht durchs Zahnfleisch gebrochen sind. Nur die Männchen haben vorn am Unterkiefer zwei überstehende Zähne, jedenfalls wenn sie erwachsen sind. Die Männchen werden bei uns übrigens BULLEN genannt, die Weibchen KÜHE und die Jungen KÄLBER. Dass ich eine Kuh bin, erkennst du an meiner Melone (der ballonförmig gewölbten Stirn). Sie ist grau und rund, während sie bei den Bullen weißlich und etwas abgeflacht ist.

NÖRDLICHER ENTENWAL

ART: Säugetiere > Wale > Schnabelwale > *Hyperoodon* > *Hyperoodon ampullatus*
VORKOMMEN: Nordatlantik und Nordpolarmeer
LÄNGE: 6–10 m
GEWICHT: 5.500–7.500 kg
LEBENSERWARTUNG: ca. 37 Jahre
BESTAND: 10.000–45.000
GEFÄHRDUNG: nicht bekannt

MEINER Schnauze verdanke ich meinen Namen, sie erinnert an einen ENTENSCHNABEL. Mein wissenschaftlicher Name bezieht sich auf die Form von Stirn und Schnauze: AMPULLATUS heißt so viel wie „bauchige Flasche“.

AM liebsten halte ich mich in tiefen Gewässern auf. In 800 Meter Tiefe ist es herrlich ruhig. Aber falls du denkst, dass mich dort nichts und niemand stört, dann hast du dich getäuscht. Marineschiffe senden SONARSCHALLWELLEN aus, um zum Beispiel U-Boote zu orten. Die unangenehmen Töne treiben mich buchstäblich in den Wahnsinn. Ich tue alles, um ihnen zu entkommen: Ich stelle die Nahrungssuche ein, tauche noch tiefer, schwimme möglichst weit weg. Mein Gehör ist so gut, dass ich sie noch in 30 KILOMETER Entfernung wahrnehme. Und manch einer von uns ist auf der Flucht schon gestrandet.

ICH schwimme gern meiner eigenen Wege, kehre aber immer wieder zu meiner festen Gruppe zurück. Dass wir so loyal sind, hat früher, als noch Jagd auf Wale gemacht wurde, viele Artgenossen das Leben gekostet. War einer angeschossen, dann blieben die anderen in seiner Nähe und wurden dadurch eine leichte Beute für die Walfänger. Zum Glück gehört das der Vergangenheit an, denn inzwischen sind wir geschützt. Jetzt noch die Sonare abschaffen, dann ist alles in Ordnung.

ALPENSCHNEEHUHN

ART: Vögel > Hühnervögel
> Fasanartige > *Lagopus*
> *Lagopus muta*
VORKOMMEN: Alaska, Kanada, Island, Grönland, Skandinavien, Spitzbergen, Nordrussland und Japan
LÄNGE: 35 cm
FLÜGELSPANNWEITE: 54–60 cm
GEWICHT: 450–640 g
LEBENSERWARTUNG: 3–4 Jahre
BESTAND: 5.000.000–25.000.000
GEFÄHRDUNG: nicht gefährdet

HAST du schon einmal das Wort „**FEDERWILD**“ gehört? So werden wild lebende Vögel bezeichnet, die man gern jagt und isst. Nicht gerade erheiternd, was? Ich bin jedenfalls das „offizielle Federwild“ der Provinzen Neufundland und Labrador im Osten Kanadas. Auch in Alaska macht man Jagd auf mich.

In Japan lässt man uns in Ruhe. Dort höre ich auf den Namen „**DONNERVOGEL**“ und bin nicht nur geschützt, sondern auch der „offizielle Vogel“ von gleich drei japanischen Präfekturen: Gifu, Nagano und Toyama.

An meinen Beinen wachsen Federn, die schön warm halten und mir helfen, im Schnee voranzukommen. Eine Art **SCHNEESTIEFEL** also. Dass es in Griechenland nur selten schneit, merkt man am Namen, den ich dort habe: „Hasenfuß“.

WENN ich im Winter müde werde, fliege ich in eine Schneewehe und mache dort ein Nickerchen. Nie würde ich meinen Schlafplatz zu Fuß aufsuchen; ich darf keine Spuren hinterlassen, damit Fressfeinde mich nicht so leicht finden. Ansonsten fliege ich eher selten. Fliegen kostet viel Energie, und damit ich Energie habe, muss ich genügend fressen. Im Norden gibt es aber nicht gerade viele Beeren, Samen oder zarte Pflanzen.

ÜBER meinem Auge habe ich einen **ROTEN WULST**. Das ist mein Kamm. Wenn ich einem Weibchen imponieren will, stelle ich ihn auf. Mein Kamm ist ziemlich groß – kein Wunder, dass alle Weibchen auf mich fliegen. Sie erkennen daran, dass ich stark bin und sie beschützen kann, wenn sie auf ihren Eiern sitzen. Bei manchen Männchen ist der Kamm so unscheinbar, dass sich kein Weibchen für sie interessiert. In der Paarungszeit bin ich übrigens schneeweiß, was den Weibchen ebenfalls gefällt. Aber es bringt auch Gefahren mit sich. Im Winter sind wir alle reinweiß – Weibchen wie Männchen – und somit im Schnee für Feinde kaum auszumachen.
Ist der Schnee geschmolzen, sieht es anders aus: Die Weibchen werden schon vor der Brutzeit goldbraun und verschmelzen dann sozusagen mit ihrem Nest. Man sieht sie erst von Nahem und sie sind recht gut geschützt vor Eulen, Steinadlern, Hermelinen, Füchsen und Luchsen.

MEIN Weibchen legt meist sechs Eier, ich hatte aber auch schon ein Gelege aus 13 Eiern zu verteidigen. Drei Wochen dauert es, bis die Küken schlüpfen. Wenn sich vorher ein Räuber dem Nest nähert, springe ich hoch, schlage mit den Flügeln und gebe Knarrlaute von mir, um ihn zu verjagen. Meine **KÜKEN** verlassen das Nest schon wenige Stunden, nachdem das letzte da ist. Bis sie Federn bekommen, dauert es zehn Tage, und bis sie ihr Futter selbst suchen können drei Monate. Aber um den Nachwuchs kümmert sich mein Weibchen. Das ist nicht mein Job …

ICH bin der größte Hirsch der Erde. Mit meinem **SCHAUFELGEWEIH** überrage ich die größten Menschen. Mein Körper mag plump aussehen, aber langsam bin ich deswegen nicht: Ich laufe schneller als 55 km/h. Selbst ein fünf Tage altes Jungtier könnte dich überholen! Was man mir auch nicht unbedingt zutraut: Ich kann gut schwimmen – wenn es sein muss, **KILOMETERWEIT**. Will ich irgendwohin und komme an einen See, dann laufe ich hinein und schwimme zügig ans andere Ufer.

OBWOHL ich imposant aussehe, bin ich nicht auf Krawall gebürstet. Selbst wenn ein anderer Elch mir mein Weibchen oder mein Revier streitig macht, begnüge ich mich oft mit Scheinangriffen. Nur im Notfall schubse ich den Konkurrenten mit dem Geweih, damit er merkt, wer der Stärkere ist.

ANDERS ist es, wenn ein **WOLF** oder **BÄR** mich im Visier hat. Dann geht es um Leben oder Tod. Aber statt mein Geweih als Waffe einzusetzen, verteile ich dann Tritte. Meine Klauen sind so scharfkantig, dass ich damit tödliche Wunden schlagen kann.

ES kann vorkommen, dass ich Menschen verletze. Doch ich würde dich nie ohne Grund angreifen oder verfolgen, aber du darfst dich nicht zwischen mein Weibchen und ihr Kalb stellen. Oder mich **ERSCHRECKEN**. Oder dich mit einem Hund nähern. Oder mich oft füttern und dann plötzlich nicht mehr ... Lass mich am besten einfach in Ruhe.

ICH kann gut riechen und hören, habe aber – das muss ich zugeben – schlechte Augen. Außerdem bin ich **FARBENBLIND**.

ART: Säugetier > Paarhufer > Hirsche > *Alces* > *Alces Alces*
VORKOMMEN: Norden von Amerika, Europa und Asien
LÄNGE: 150–220 cm
HÖHE: 200–290 cm
GEWICHT: 275–800 kg
LEBENSERWARTUNG: 10–25 Jahre
BESTAND: über 2.000.000
GEFÄHRDUNG: nicht gefährdet

ELCH

Hält man mir etwas direkt vor die Nase, kann ich es nicht sehen, weil meine Augen seitlich am Kopf sind. Um es zu sehen, muss ich den Kopf drehen.

DASS ich ein Männchen bin, also ein Bulle, erkennt man am Geweih. Die Kühe haben nämlich keines. Jedes Jahr im Januar oder Februar werfe ich mein Geweih ab, und im Frühsommer wächst mir ein neues. Es ist zunächst mit Bast überzogen, einer **SAMTARTIGEN** Haut, die das Wachstum fördert. Wenn im Herbst die Paarungszeit beginnt, reibe ich die Haut an Sträuchern ab und präsentiere mich den Weibchen mit meinem funkelnagelneuen **KOPFSCHMUCK**. Er kann gut 20 bis 35 Kilo wiegen. Ich schleppe also ordentlich Gewicht mit mir herum.

WAS die Kühe auch nicht haben, ist der Hautlappen am Hals, an dem mein Bart wächst. An der Form und Größe dieser **KEHLHAUT** erkennen andere Bullen, wie wichtig ich bin. Außerdem hinterlasse ich damit meinen **GERUCH** an meinem Weibchen, sodass die anderen wissen, dass es mir gehört, und sich fernhalten. Das gilt, wie gesagt, auch für dich!

TORDALK heiße ich – darunter kannst du dir sicher wenig vorstellen. In Frankreich nennt man mich petit *pingouin* – „KLEINER PINGUIN“ –, weil ich an Land wie ein Pinguin watschele. Und die Engländer sagen *razorbill* zu mir, das bedeutet „Rasiermesserschnabel“. Die Kanten meines Schnabels sind tatsächlich so scharf wie ein Rasiermesser. Damit kann ich glitschige Fische gut festhalten.

MAN verwechselt mich oft mit der Trottellumme und dem Papageitaucher. Der Grund: Im Sommer sehe ich einer Trottellumme ähnlich und im Winter einem Papageitaucher. Aber am Schnabel erkennst du den Unterschied. Nur ich habe die schönen WEISSEN STREIFEN, die bis zu den Augen verlaufen. Der Schnabel des Papageitauchers ist orange und der der Trottellumme schwarz, lang und spitz. Noch ein Unterschied: Die Trottellumme fängt große Fische, der Papageitaucher kleine, und ich halte die Mitte.

FÜR einen Vogel habe ich kurze Flügel, schon klar. Aber ich kann damit etwas, was die meisten Vögel nicht können: unter Wasser fliegen! Dabei suche ich nach Leckerbissen wie Sandaal, Hering oder Sprotte. Und wenn Möwen oder Raben mir zusetzen, tauche ich einfach ab.

MEIN Männchen wähle ich sorgfältig aus, und wir bleiben EIN LEBEN LANG zusammen. Wenn wir uns umwerben – und davon kriegen wir gar nicht genug –, schlagen wir die Schnäbel zusammen, putzen uns gegenseitig das Gefieder und jagen einander durch die Luft. Ganz treu bin ich allerdings nicht. Ab und zu paare ich mich mit anderen Männchen, um sicherzustellen, dass ich befruchtet werde. Schließlich lege ich nur ein einziges Ei pro Jahr!

ART: Vögel > Regenpfeiferartige > Alkenvögel > *Alca* > *Alca torda*
VORKOMMEN: Nordatlantik
LÄNGE: 38–43 cm
FLÜGELSPANNWEITE: 63–68 cm
GEWICHT: 590–730 g
LEBENSERWARTUNG: 13 Jahre
BESTAND: 979.000–1.020.000
GEFÄHRDUNG: empfindlich

TORDALK

WENN wir Nachwuchs wollen, paaren mein Auserwählter und ich uns innerhalb eines Monats gut 80 Mal, und anschließend vertreibt er jeden, der in die Nähe kommt, bis ich MEIN EI gelegt habe. Was ganz schön mühsam ist, denn das Ei ist groß. Zum Vergleich: Es ist so, als würde eine Menschenfrau ein acht bis neun Kilo schweres Baby zur Welt bringen.

DAS Ei brüten wir abwechselnd aus. Wenn nach einem Monat das KÜKEN geschlüpft ist, bleibt einer von uns bei ihm, während der andere das Futter beschafft. Das Kleine ist ganz schön gefräßig, es braucht bis zu 20 Fischlein am Tag! Aber je größer es wird, desto weniger frisst es.

Nach etwa drei Wochen kann es zwar noch nicht schwimmen, trotzdem führt mein Männchen es schon zum Meer und überwacht seinen ersten Kontakt mit dem Wasser. Und für mich heißt es dann fast ein Jahr auf das nächste Ei warten!

MEINEN Namen verdanke ich meinen Augen. Das althochdeutsche Wort **LUHS** bedeutet „Funkler", und vielleicht hast du schon mal die Wendung „Augen wie ein Luchs haben" gehört. Ich kann jedenfalls sehr gut sehen, auch im Dunkeln, wenn ich auf die Jagd gehe. Beim Jagen hilft mir, dass ich meine künftige Mahlzeit genau höre, ohne dass diese bemerkt, wie ich mich auf sanften Pfoten nähere.

WENN ich sprinte, bringe ich es auf 80 km/h. Und ich kann aus dem Stand zwei Meter in die Luft springen, um einen Vogel zu fangen. Schwimmen kann ich auch, ebenso auf Bäume klettern, um mich von oben auf meine Beute zu stürzen.

DIE Grenzen meines Reviers kennzeichne ich, indem ich an Bäumen Kratzer anbringe, dagegenpinkle und meinen Kot offen liegen lasse, den ich innerhalb des Reviers immer vergrabe.

ABER zurück zu meinen besonderen Augen. In den nordischen Mythen heißt es, dass ich damit in die Zukunft blicken kann. Und in die Herzen der Menschen, deren Gedanken ich mit meinen **PINSELOHREN** höre. Aber sei unbesorgt – ich verrate keine Geheimnisse weiter.

Falls du auch so gute Augen hast, kannst du am Nordhimmel ein **STERNBILD** entdecken, das nach mir benannt ist: den Luchs.

EURASISCHER LUCHS

ICH fresse ausschließlich Fleisch. In Europa bin ich nach dem Braunbär und dem Wolf das drittgrößte Raubtier. Mein Pfotenabdruck ist denn auch dreimal so groß wie der einer Hauskatze. Am liebsten fange ich Füchse, Hasen, Kaninchen und Vögel. Wenn im Winter die Beute knapp ist, pirsche ich mich auch an größere Tiere heran. Habe ich ein **REH** oder eine **GÄMSE** gerissen, dann verstecke ich meinen Fang und komme jede Nacht wieder, um mich satt zu fressen. Das Fleisch reicht für eine Woche – es sei denn, andere Tiere finden meine Beute und bedienen sich ebenfalls.

TAGSÜBER lasse ich mich kaum sehen. Ich schlafe in einer Felshöhle oder im dichten Gebüsch. Dort lege ich auch ein Nest an, wenn ich Nachwuchs erwarte. Ich polstere es mit **FELLHAAREN, GRAS UND FEDERN** aus, damit meine Jungen – in der Regel drei oder vier pro Wurf – es warm haben. Ich ziehe sie übrigens allein auf. Anfangs sind sie ganz auf mich angewiesen. Erst nach etwa zwei Wochen öffnen sie die Augen, und ich säuge sie vier, fünf Monate lang. Obwohl ich ihnen zeitig das Jagen beibringe, bleiben sie fast ein Jahr bei mir – bis ich wieder Nachwuchs erwarte. Oft jagen sie danach noch einige Monate als Geschwister zusammen, bevor jeder seiner eigenen Wege geht.

ART: Säugetiere > Raubtiere > Katzen > *Lynx* > *Lynx lynx*
VORKOMMEN: Westeuropa bis Russland und Zentralasien
HÖHE: 60–75 cm
LÄNGE: 80–130 cm
GEWICHT: 17–29 kg
LEBENSERWARTUNG: 17–25 Jahre
BESTAND: 70.000–80.000
GEFÄHRDUNG: nicht gefährdet

OH, Besuch! Zu uns kommt sonst nie jemand. Letzten Sommer haben wir ein Nest aus Algen, Schlamm, Federn und Seepocken gebaut – an einer **HOHEN KLIPPE**. Wir sind die einzige Möwenart, die das macht. Und das hat seinen guten Grund: Unsere **KÜKEN** haben keine Tarnfärbung. Sie sind weiß und grau und damit sehr auffällig und für Räuber gut zu erkennen. Im Frühling ist es dann Zeit, an die Küste zurückzukehren und Eier zu legen: eines, zwei, manchmal sogar drei. Kullert ein Ei aus dem Nest, dann lege ich nach etwa 15 Tagen ein neues als Ersatz.

ART: Vögel > Regenpfeiferartige > Möwenverwandte > *Rissa* > *Rissa tridactyla*
VORKOMMEN: Küsten und Meere der Nordhalbkugel
LÄNGE: 41 cm
FLÜGELSPANNWEITE 90–110 cm
GEWICHT: 400 g
LEBENSERWARTUNG: 5–7 Jahre
BESTAND: 18.000.000
GEFÄHRDUNG: verletzlich

DREIZEHENMÖWE

HÖREN kann man uns weithin. Weil wir in großen Kolonien, manchmal zu hunderttausend, dicht beieinander nisten. In England nennt man uns *kittiwake* nach unserem Ruf „**KITTIWÄÄK**!“. Das finde ich, ehrlich gesagt, besser als „Dreizehenmöwe“, denn ich habe vier Zehen, auch wenn die hintere nur ein winziger Stumpf ist. Jedenfalls hat das mit den drei Zehen den Ausschlag für meinen deutschen und auch für den wissenschaftlichen Namen gegeben.

IM Herbst fliegen wir alle aufs **OFFENE MEER** hinaus, um dort den Winter zu verbringen. Das ist möglich, weil wir etwas können, was du nicht kannst: Salzwasser trinken. Monatelang schwimmen, fliegen und fischen wir dort. Als einzige Möwenart suchen wir unter Wasser nach Nahrung – auch das macht uns zu etwas Besonderem. Im Frühling ist es dann Zeit, an die Küste zurückzukehren und Eier zu legen: eines, zwei, manchmal sogar drei. Kullert ein Ei aus dem Nest, dann lege ich nach etwa 15 Tagen ein neues als Ersatz.

NACH vier Wochen Brüten schlüpfen unsere Küken. Mein Männchen und ich fliegen dann **ABWECHSELND** aus, um Futter zu beschaffen. Es kommt vor, dass das ältere Küken das jüngere aus dem Nest schubst, um mehr Essen zu bekommen. Ansonsten bewegen die Kleinen sich kaum, um nicht selbst aus dem Nest und von der Klippe zu stürzen. Das hat auch einen Nachteil: Falls doch mal ein Fressfeind auftaucht, ducken sie sich nicht weg.

ICH transportiere das Futter in meinem Kropf zum Nest. Dort würge ich es heraus, direkt in die Schnäbel der Kleinen. Geht was daneben, werfe ich es sofort über den Nestrand. Von der Drei-Sekunden-Regel halte ich nichts. Was schmutzig geworden ist, kommt weder mir noch meinen Küken mehr in den Schnabel.

FÜNF Wochen kümmern wir uns um die Küken. In dieser Zeit wird ihr Flaum durch ein echtes **FEDERKLEID** ersetzt, und sie sind dann groß und stark genug, um das Nest zu verlassen. Sie kehren aber immer wieder zurück, bis wir im Herbst alle aufs offene Meer hinausfliegen.

ALS treue Vögel bleiben wir jahrelang zusammen. Manchmal trennen wir uns aber auch. Und manchmal sitzen zwei Weibchen in einem Nest, oder ein Männchen hat zwei Weibchen, die beide Eier legen. Nun ja, uns ist eben nichts fremd. **KITTI-WÄÄK**!

EISBÄR

WIR sind die einzige Bärenart, die vom Meer abhängig ist. Unser wissenschaftlicher Name sagt es bereits: *Ursus maritimus* bedeutet „**MEERBÄR**".

DAS Meer muss allerdings gefroren sein, ohne Eis wäre ich aufgeschmissen. Meine Sohlen haben bis zu 30 Zentimeter Durchmesser, dadurch verteilt sich mein Gewicht so gut, dass ich auch über dünnes Eis gehen kann. Bei der Nahrungssuche lege ich manchmal sehr weite Entfernungen zurück, **HUNDERTE KILOMETER**.

DURCH die Erderwärmung werden die Meereisflächen kleiner, was bedeutet, dass meine Jagdgründe schwinden. Der Klimawandel ist darum die größte Bedrohung für mich. Ich lebe hauptsächlich von **ROBBEN**, und die kann ich nur auf dem Eis fangen. Schwimmen kann ich zwar sehr gut, sogar tagelang, aber Robben im Wasser fangen, das schaffe ich nicht. Und selbst auf dem Eis habe ich längst nicht immer Erfolg: Von 100 Robben, denen ich auflauere, erwische ich gerade mal zwei.

NEBEN dem Kodiakbären bin ich das größte fleischfressende Landsäugetier. Ja, ich gelte als Landsäugetier, auch wenn ich nicht ständig an Land unterwegs bin. Von den Robben, die ich erbeute, fresse ich meist nur den Speck, den Rest lasse ich für andere liegen, zum Beispiel für Polarfüchse. An Land erbeute ich Rentiere, Nager wie Lemminge sowie Vögel und deren Eier. Und wenn ich gar nichts finde, kann ich mich auch eine Weile von **SEETANG** ernähren.

DU glaubst vermutlich, dass ich ein weißes Fell habe. Aber das stimmt nicht. Meine Fellhaare sind **DURCHSICHTIG**, und die Haut darunter ist **SCHWARZ**. Weiß wirkt mein Fell nur, weil es das Licht reflektiert. Mein Fell ist sehr ölig und wasserabweisend. Unter den langen Deckhaaren befinden sich wärmende **UNTERWOLLHAARE**, und sogar meine Fußsohlen sind behaart! Wie sollte ich da jemals frieren?

DAS heißt ... wenn mein Fell schmutzig ist, zum Beispiel blutverschmiert, weil ich gerade Beute gemacht habe, dann isoliert es nicht mehr so gut. In diesem Fall hilft ein **SCHNEEBAD**: Ich wälze mich im Schnee, bis ich wieder blitzsauber bin.

ICH muss übrigens aufpassen, dass mir nicht zu warm wird. So verrückt es klingt, als Eisbär läuft man eher Gefahr, an **ÜBERHITZUNG** als an Unterkühlung zu sterben. Wenn ich renne – und dabei bringe ich es schon mal auf 40 km/h –, dann steigt meine Körpertemperatur unter dem dicken Fell gefährlich schnell an. Da lege ich mich doch lieber an den Rand einer Eisscholle oder neben ein Atemloch und warte, dass eine Robbe auftaucht.

HAST du gewusst, dass der 27. Februar der **WELTEISBÄRENTAG** ist? Denk dann an mich!

ART: Säugetiere > Raubtiere > Bären > *Ursus* > *Ursus maritimus*
VORKOMMEN: Alaska, Kanada, Grönland, Spitzbergen und Russland
HÖHE: 160 cm
LÄNGE: 180–250 cm
GEWICHT: 150–800 kg
LEBENSERWARTUNG: 25–30 Jahre
BESTAND: 22.000–31.000
GEFÄHRDUNG: gefährdet

GELBSCHOPFLUND

Du triffst mich zur Paarungszeit an! Woran man das sieht? An meinem Schnabel: Er ist knallrot. Der beste und **SCHÖNSTE SCHNABEL** der Welt, das weiß jeder. Und praktisch obendrein. Fische zu fangen, ist für mich ein Kinderspiel. Ich tauche ins Wasser, schwimme mit den Flügeln paddelnd und mit den Beinen steuernd in einen Schwarm hinein und schlage zu. Natürlich begnüge ich mich nicht mit einem einzigen Fischlein; mein derzeitiger **REKORD** liegt bei 62 Fischen auf einmal in meinem Schnabel. Aber meistens sind es um die zehn.

Fliegen kann ich selbstverständlich auch. Ich schlage 300 bis 400 mal pro Minute mit den Flügeln (versuch das mal mit deinen komischen federlosen Armen!) und erreiche eine Geschwindigkeit von fast 65 km/h.

Das Nest, das ich mit meinem Weibchen bewohne, ist eher eine Höhle. Mit Schnäbeln und Füßen haben wir in einen steilen Hang einen Gang gegraben, der rund zwei Meter lang ist und am Ende eine **BRUTKAMMER** hat. Kein Vogel der Welt hat ein besseres Nest! Mein Weibchen legt dort ein Ei. Das schönste Ei der Welt, logisch, denn darin wächst mein Küken heran!

Das Brutgeschäft teilen wir uns. Zu brüten geht nicht gegen meine männliche Ehre – schließlich kann ich das supergut!

Wenn ich gerade nicht auf dem Ei sitze, schaffe ich Futter heran. Und ist das Küken da, kümmern wir uns gemeinsam darum. Damit es das stärkste Küken der Welt wird! Sechs bis sieben Wochen nach dem Schlüpfen kann es das Nest verlassen. Bei Dunkelheit watschelt es das erste Mal zum Wasser und schlägt dabei mit den Flügeln. Der schönste Anblick der Welt!

Ach, jetzt habe ich noch gar nicht meinen tollen **KOPFSCHMUCK** erwähnt! Die Federn sind gelb und so lang, dass ich sie über den Kopf kämmen könnte, wenn ich wollte. Sie schmücken mich den ganzen Sommer. Danach verliere ich meine schönen Farben und die Kopffedern und sehe aus wie eine unscheinbare Ente – das gebe ich zu –, aber nur, um im Jahr darauf noch prächtiger aufzutreten!

Wenn es keine Menschen gäbe, hätte ich ein rundherum herrliches Leben. So aber drohen Gefahren: Ich kann in Schleppnetzen von Fischern ertrinken (in Japan und Russland hat unser Bestand deswegen schon abgenommen), in einen **ÖLTEPPICH** geraten (allein beim Tankerunglück der *Exxon Valdez* im Jahr 1989 sind 13.000 von uns umgekommen), von Füchsen und Ratten gefressen werden, die Menschen eingeschleppt haben, und von Touristen in Naturgebieten beim Brüten gestört werden. Höchste Zeit, dass etwas zu unserem Schutz getan wird!

ART: Vögel > Regenpfeiferartige > Alkenvögel > *Fratercula* > *Fratercula cirrhata*
VORKOMMEN: Küsten von Ostrussland und Japan bis Alaska und Westkanada
LÄNGE: 30–40 cm
FLÜGELSPANNWEITE: 74 cm
GEWICHT: 520–1.000 g
LEBENSERWARTUNG: gut 20 Jahre
BESTAND: 3.500.000
GEFÄHRDUNG: nicht gefährdet

NARWAL

Ich bin das Einhorn des Meeres! Wer mich zum ersten Mal sieht, glaubt seinen Augen nicht zu trauen. Denn ich habe am Kopf ein **HORN**, das bis zu drei Meter lang wird. Genauer gesagt, ist es ein Zahn, der aus der Oberlippe ragt. Für die Menschen früherer Zeiten war er eine Trophäe. Sie haben meine Vorfahren gejagt, ihnen den Zahn abgesägt und Königen und Königinnen geschenkt – weil man glaubte, der Zahn hätte Wunderkräfte so wie das Horn des Einhorns.

Ich habe genau zwei Zähne. Das verrät schon mein wissenschaftlicher Name: *Monodon monoceros* bedeutet „ein Zahn, ein Horn". Das lange **ELFENBEINHORN** ist mein linker Zahn. Der rechte ist normal, also klein. Die Weibchen haben fast alle normale Zähne – nur eines oder zwei von 100 bekommt ein Horn. Und ein einziges Mal bin ich einem Artgenossen begegnet, der zwei Stoßzähne hatte.

Du glaubst vielleicht, das wäre unpraktisch, solch ein langes Ding am Kopf. Aber ich habe Nutzen davon. Dank den etwa zehn Millionen Nervenenden in dem Stoßzahn merke ich es, wenn das Wasser bald gefriert, und kann rechtzeitig das Weite suchen. Aufgrund der seltsamen **TEMPERATURSCHWANKUNGEN** durch den Klimawandel kann es vorkommen, dass der Bereich, in dem ich mich gerade befinde, sehr schnell zufriert, und dann sitze ich fest. Höchst gefährlich, denn ich bin kein Fisch, sondern ein Säugetier. Ich kann zwar 25 Minuten die Luft anhalten, aber das reicht nicht immer, um in eisfreies Wasser zu gelangen.

Zum Nutzen meines Stoßzahns ist noch zu sagen, dass ich damit Beute betäuben und sie dann als Ganzes verschlingen kann. Außer Fischen wie **HEILBUTT UND KABELJAU** mag ich auch **GARNELEN UND TINTENFISCH**. Ich brauche mindestens 30 Kilo am Tag, das entspricht ungefähr 1000 Fischstäbchen.

Noch etwas Gruseliges gefällig? *Nar* ist ein altnordisches Wort und bedeutet „Leichnam". Man fand nämlich, dass die Flecken auf meiner Haut wie Leichenflecke aussehen. Keine schöne Vorstellung! Dabei haben wir Narwale im Laufe unseres Lebens die unterschiedlichsten Farben: Als Neugeborene sind wir blaugrau, als Jungtiere wunderschön blauschwarz, als Erwachsene grau gefleckt und als sehr alte Tiere nahezu weiß.

Mit **EIGENEN AUGEN** wirst du mich wohl kaum beobachten können, es sei denn, du reist in Richtung Nordpol. In Zooaquarien werden keine Narwale gehalten – wir sterben in **GEFANGENSCHAFT**. So, und nun schwimme ich weiter ...

ART: Säugetiere > Wale > Gründelwale > *Monodon* > *Monodon monoceros*
VORKOMMEN: arktische Gewässer vor Kanada, Grönland, Norwegen und Russland
LÄNGE: 4–5,5 m (ohne Stoßzahn)
GEWICHT: 1.000–1.600 kg
LEBENSERWARTUNG: 30–50 Jahre
BESTAND: 50.000–80.000
GEFÄHRDUNG: empfindlich

Du denkst vermutlich, dass ich Vielfraß heiße, weil ich viel fresse. Aber dem ist nicht so. Mein Name kommt vom altnordischen Wort **FJELD-FROSS**, das „**BERGKATER**" bedeutet. Wie ein Kater sehe ich aber wahrhaftig nicht aus. Eher wie eine Mischung aus Marder und Bär, weshalb man mich auch Bärenmarder nennt.

Ich bin nicht sonderlich groß, trotzdem greife ich Tiere an, die weit größer sind als ich. Darum bin ich das Vorbild für die Comicfigur **WOLVERINE** (*wolverine* ist mein englischer Name). Der Superheld hat scharfe Krallen, genau wie ich, und zögert nicht, gegen größere Feinde rohe Gewalt anzuwenden. Auch wenn er sie am Ende nicht auffrisst.

ART: Säugetiere > Raubtiere > Marder > *Gulo* > *Gulo gulo*
VORKOMMEN: Nordamerika, Skandinavien, Baltikum, Russland, Nordostchina und Mongolei
HÖHE: 36–45 cm
LÄNGE: 65–107 cm
GEWICHT: 9–32 kg
LEBENSERWARTUNG: 7–12 Jahre
BESTAND: 15.000–30.000
GEFÄHRDUNG: nicht gefährdet

VIELFRAß

Jetzt aber mal ehrlich: Ich fresse tatsächlich viel und auch viel Unterschiedliches. Mir schmeckt einfach alles: von Fröschen und Schnecken bis hin zu Rentieren. Sogar **GRIZZLY-BÄREN** ergreifen die Flucht vor mir, wenn ich ihnen die Beute abjage. Mit meinen kräftigen Kiefern und großen Zähnen zermalme ich auch Knochen und gefrorenes Fleisch. Artgenossen sollen sich sogar schon durch Stahl gefressen haben. Kleinere Beute vertilge ich an Ort und Stelle bis zum letzten Bissen, größere vergrabe ich und komme später zum Weiterfressen zurück.

Ich achte darauf, dass ich im Winter nicht zu kurz komme, und lege darum Vorratslager im Schnee an. Diese Höhlen dienen uns auch als „Gebärstuben". Die globale Erwärmung macht mir aber sehr zu schaffen. Ist kein Schnee da, kann ich auch **KEINE HÖHLEN** graben.

Auf Geselligkeit lege ich keinen Wert. Mein Revier ist fast 600 Quadratkilometer groß. Ich teile es mit zwei, drei Weibchen, die sich untereinander oft nicht vertragen. Damit kann ich umgehen, aber andere Männchen dulde ich nicht! Ich lege täglich bis zu 45 Kilometer zurück, um Nahrung zu finden.

Mit meinen kleinen Augen sehe ich nicht besonders gut, aber das ist gar nicht nötig, denn ich jage am liebsten nachts, und dann führen **NASE UND OHREN** mich zur nächsten Mahlzeit. Die breiten Tatzen sind nützlich, wenn ich über den Schnee laufe und Tiere verfolge, die darin einsinken. Was ich noch kann, ist auf Bäume klettern und gut schwimmen.

Jäger mögen mich nicht, weil ich öfter mal ihre Fallen plündere, und Schäfer tun gut daran, ihre Herden im Auge zu behalten. Oh, mich plagt schon wieder der Hunger, ich muss los!

POLARHASE

VON wegen kleines Kuscheltier! Ich bin größer, als du denkst! Wenn du mich auf deinem Schoß hättest, würde mein Kopf deinen überragen. Und ich wiege so viel wie ein kräftig gebauter Dackel.

WENIGER erfreulich ist, dass etliche Tiere mich auf ihrem Speisezettel haben. Polarfüchse, Wölfe, Luchse und Hermeline jagen mich an Land, von Schnee-Eulen, Raufußbussarden, Wanderfalken und Gerfalken droht Gefahr aus der Luft.

TROTZ meiner eher kurzen Ohren bin ich kein Kaninchen. Dass sie nicht so lang sind wie die anderer Hasen, liegt an meinem kalten Lebensraum: Ich verliere damit weniger Wärme, und die schwarzen Ohrspitzen fangen das bisschen Sonnenwärme ein und speichern es.

AN sich bin ich ein Einzelgänger, und wenn ich mich verstecken oder ausruhen will, grabe ich ein Loch in den Schnee. Bei ganz schlimmer Kälte tun wir uns aber zusammen. Wir liegen **DICHT AN DICHT**, um warm zu bleiben – manchmal zu Dutzenden, manchmal zu Hunderten. Aber sobald es Frühling wird und die Paarungszeit kommt, bin ich weg. Mit einem Weibchen, das mir gefällt, suche ich mir ein eigenes Gebiet. Wenn es sich ergibt, auch mit mehreren Weibchen mehrere Gebiete. Kennst du den **MÄRZHASEN** aus *Alice im Wunderland?* So verrückt wie er führe ich mich manchmal im Frühling auf!

Die fiesen Gerfalken benutzen sogar meine Knochen zum Nestbau!

ZUM Glück sind meine Augen seitlich am Kopf: Ich kann mich im Sitzen also gut umsehen. Und die Sonne blendet mich dabei nicht, weil meine langen schwarzen Wimpern wie eine **SONNENBRILLE** wirken. Sobald ich eine Bedrohung wittere, ergreife ich das Hasenpanier. Mit bis zu 60 km/h, wenn nötig. Dank meiner kräftigen Hinterläufe kann ich auch weite Sprünge machen, wie ein **KÄNGURU**, und die breiten Pfoten verhindern, dass ich im Schnee einsinke.

WAHRSCHEINLICH fragst du dich, wie ich an Nahrung komme, wenn alles tief verschneit ist. Ich kann sehr gut riechen und weiß darum genau, wo ich unter der weißen Schicht Moos oder Flechten finde. Mit meinen **KRALLEN** habe ich es im Nu ausgegraben und gefressen. Ich habe nichts gegen den Winter, trotzdem sehne ich mich nach dem Frühling, weil dann alles wieder wächst, was ich besonders gern mag: Blätter, Beeren, Knospen und junge Weidenrinde.

AUCH wenn es den Anschein hat, ich wäre das ideale Haustier: **BITTE NICHT FANGEN!** In freier Wildbahn werde ich bis zu fünf Jahre alt, in Gefangenschaft dagegen halte ich höchstens eineinhalb Jahre durch … Darum lass mir meine Freiheit!

ART: Säugetiere > Hasenartige > Hasen > *Lepus* > *Lepus arcticus*
VORKOMMEN: Tundren von Kanada und Grönland
LÄNGE: 43–70 cm
GEWICHT: 3–7,5 kg
LEBENSERWARTUNG: 3–5 Jahre
BESTAND: nicht bekant
GEFÄHRDUNG: nicht gefährdet

ORCA

In der Familie der Delfine bin ich der King! Der Größte und auch der Längste. Ich habe etwa 40 bis 50 Zähne. Nicht umsonst nennt man uns in England *killer whales* („Killerwale"). Den Namen haben wir bekommen, weil englische Fischer beobachtet hatten, dass wir Wale angreifen. Wir sind also eher **WALKILLER** als Killerwale.

Vor meinem unersättlichen Appetit und den messerscharfen Zähnen, die bis zu zehn Zentimeter lang werden, ist kaum jemand sicher. Außer Fischen aller Art stehen Walrosse, Seelöwen, Wale, Robben und sogar Haie auf meinem Speiseplan. Jeden Tag vertilge ich um die **225 KILO** Fleisch. Natürliche Feinde habe ich nicht. Und auch ihr Menschen seid nicht an mir interessiert. Damit du beruhigt bist: Ich auch nicht an euch! Klar, dass alle erschrecken, wenn ich mich mit meiner hohen schwertförmigen Rückenflosse nähere; ihr verdanke ich übrigens meinen anderen Namen – Schwertwal. Aber Menschenfleisch lockt mich wirklich nicht.

Wenn man mich in Gefangenschaft hält, kann es aber **GEFÄHRLICH** werden. Es wurden schon mehrere Orcatrainer und -pfleger angegriffen. Ein Orcabulle namens **TILIKUM**, der vor Island gefangen und in den Themenpark SeaWorld in Orlando/Florida gebracht wurde, ist sogar berüchtigt: Er hat drei seiner Trainer getötet. Dabei wollte er doch nur wieder ins Meer und in Freiheit leben.

Wenn ich jage, dann meist in der Gruppe, sodass selbst Haie Reißaus nehmen. Wir Orcas werden auch „**WÖLFE DES MEERES**" genannt, weil wir wie Wölfe im Rudel angreifen. Nicht immer geht es dabei um Futter, manchmal auch nur ums Vergnügen. Einen riesigen Blauwal tüchtig erschrecken, das hat einfach was! Meinen Namen habe ich übrigens von dem römischen Gott **ORCUS**, der die Toten in der Unterwelt quält. Ich mache das zu Lebzeiten.

Jetzt muss ich noch ein Geständnis machen: Ich bin ein Muttersöhnchen. Mein ganzes Leben lang bleibe ich in der Nähe meiner Mutter, die mich vor anderen Männchen schützt und mich beim Jagen unterstützt. Stirbt sie, dann erhöht sich die Wahrscheinlichkeit, dass ich im Jahr darauf ebenfalls sterbe, um das Achtfache. Aber an so was will ich lieber nicht denken ... Wo bist du, **MAMIII**???

Ich bin ausgesprochen gesellig. Meine Gruppe besteht aus rund 90 Tieren. Das älteste Weibchen hat das Sagen. Wir schlafen, jagen und wandern gemeinsam. Und wir haben unsere **EIGENE SPRACHE**: bestimmte Laute, an denen wir uns gegenseitig erkennen. Diese Sprache wird von den Müttern an die Kinder weitergegeben. Ein Weibchen bekommt nur etwa alle drei, vier Jahre Nachwuchs, nach 17 Monaten Trächtigkeit wird ein einzelnes Kalb geboren.

ART: Säugetiere > Wale > Delfine > *Orcinus* > *Orcinus orca*
VORKOMMEN: alle Meere außer Schwarzes Meer und Ostsee
LÄNGE: 5–10 m
GEWICHT: 7.000–10.000 kg
LEBENSERWARTUNG: 50–80 Jahre
BESTAND: 50.000
GEFÄHRDUNG: nicht bekannt

ART: Vögel > Regenpfeiferartige > Alkenvögel > *Alle* > *Alle alle*
VORKOMMEN: Nordpolarmeer und Nordatlantik
LÄNGE: 19–23 cm
FLÜGELSPANNWEITE: 34–38 cm
GEWICHT: 150–175 g
LEBENSERWARTUNG: 25 Jahre
BESTAND: 30.000.000
GEFÄHRDUNG: nicht gefährdet

TAUCHEN kann ich richtig gut. Und tief: 25 Meter schaffe ich ohne Weiteres. Beim Aufsteigen fange ich dann Krebschen und Fischchen, die ich von unten im Gegenlicht erspähe. Meine absolute Lieblingsspeise sind die kleinen RUDERFUSSKREBSE. So ein Tauchgang dauert maximal 30 Sekunden, länger kann ich die Luft nicht anhalten.

manchmal muss ich jedoch 100 bis 150 Kilometer fliegen. Aber die meiste Zeit des Jahres kann ich ganz entspannt sein, weil ich dann draußen auf dem Meer lebe. Nur ZUM BRÜTEN kehre ich an die Küste zurück.

KRABBENTAUCHER

NEIN, ich bin kein kleiner PINGUIN. Auch wenn ich ein bisschen so aussehe. Falls du es nicht weißt: Pinguine fliegen nicht, und auf dem Bild siehst du, dass ich das hervorragend kann. Okay, die Richtung wechseln ist nicht meine Stärke, aber beim Geradeausflug komme ich auf etwa 70 km/h.

UND eine Eisente bin ich auch nicht. Der schwedische Naturforscher Linnaeus, der mir meinen Namen gegeben hat, brauchte wohl eine Brille. Seinetwegen muss ich jetzt mit dem wissenschaftlichen Namen *Alle alle* durchs Leben fliegen, was in der Sprache der Samen „EISENTE EISENTE" heißt. Da höre ich meinen deutschen Namen doch lieber, zumal er besagt, dass ich auch tauchen kann.

EINE Besonderheit an mir ist, dass ich einen Kropf habe. Darin bringe ich meinem Küken Futter. Es sitzt in einem Nest aus Kieselsteinen an der Felsküste und wächst sehr schnell. Deshalb und weil wir in großen Kolonien brüten, werden wir auch „SCHNELL WACHSENDE SEETAUBEN" genannt. Hallo! Ich bin ein Krabbentaucher!

VOR allem während der Nistzeit muss ich vor Fressfeinden wie Polarfüchsen und Eismöwen auf der Hut sein. Und EISBÄREN klauen gern die Eier aus unseren Nestern. Ich weiß also nie, was ich bei der Rückkehr vorfinde, wenn ich ausgeflogen bin, um Futter zu beschaffen. Und die Futtersuche kann dauern. Meist finde ich 10 bis 15 Kilometer vor der Küste genug,

HAST du gewusst, dass es Menschen gibt, die Krabbentaucher essen? So hübsche Vögel wie uns?! Die Inuit bereiten gern eine Speise zu, die sie KIVIAK nennen. Dazu werden 500 von uns in eine Robbenhaut gepackt, die sie zunähen und mit Robbenfett versiegeln. Das Ganze wird zum Gären unter einen Steinhaufen gelegt und im Winter gegessen. Es heißt, dass der berühmte grönländische Polarforscher Knud Rasmussen nach dem Genuss von Kiviak an einer Vergiftung gestorben ist. Geschieht ihm recht!

Du kennst mich wahrscheinlich aus *Harry Potter*. Aber ich heiße weder **HEDWIG** noch bringe ich Post. Die Hedwig im Film wurde übrigens nicht von Weibchen, sondern von Männchen gespielt. Bei Weibchen – wie mir – ist das Gefieder dunkel gefleckt, und die Männchen sind fast ganz weiß – je älter, desto weißer sogar.

UNSER Federkleid ist nicht ohne Grund so hell. Je weniger Pigment die Federn enthalten, desto mehr Platz bleibt für Luft, und mit Luft im Gefieder ist mir wärmer. Auch an anderen Dingen erkennt man, dass wir in kalten Regionen leben: Der Kopf ist dicht befiedert und die Beine ebenfalls – ganz so, als hätten wir **SNOWBOOTS** an.

IN das Nest lege ich drei bis elf Eier und fange mit dem Brüten an. Mein Männchen versorgt mich dann mit Nahrung. Auch noch, wenn die Küken geschlüpft sind. Ich verdaue das Futter vor und gebe es danach den Kleinen.

WENN mein Männchen jagt, sitzt es zunächst ganz still und wartet, bis ein Beutetier auftaucht. Dann fliegt es lautlos darauf zu. Die meisten Tiere bemerken die Gefahr erst, wenn es zu spät ist. Trotz unseres **DICKEN GEFIEDERS** sind wir sehr wendig und können sogar Vögel aus der Luft fangen. Und schnelle Flieger sind wir auch: Wenn nötig, schaffen wir 80 km/h.

ART: Vögel > Eulen > Eigentliche Eulen > *Bubo* > *Bubo scandiacus*
VORKOMMEN: Tundren von Nordamerika, Grönland, Skandinavien und Russland
LÄNGE: 55–70 cm
FLÜGELSPANNWEITE: 130–150 cm
GEWICHT: 1,5–3 kg
LEBENSERWARTUNG: 9,5–20 Jahre
BESTAND: 56.000
GEFÄHRDUNG: verletzlich

SCHNEE-EULE

ANDERS als viele Eulenverwandte niste ich am Boden. Mein Männchen wählt ein Revier aus, und ich suche dort eine geeignete Stelle. Dann scharre ich eine **ERDMULDE** aus. Dabei gebe ich mir viel Mühe, denn einen guten Nistplatz kann ich mehrere Jahre nutzen.

NÜTZLICH beim Jagen ist auch der Federkranz um die Augen. Er reflektiert den Schall zu den Ohren, sodass uns nicht das **LEISESTE GERÄUSCH** entgeht. Dazu kommen die scharfen Augen und die bis zu 3,5 Zentimeter langen Krallen. Damit sind wir als Jäger bestens gerüstet.

WIR fressen kleine Säuger wie Mäuse, größere wie zum Beispiel Schneehasen und gelegentlich auch Vögel. Unsere absolute Lieblingsspeise aber sind **LEMMINGE**. Davon verschmause ich bis zu 1.600 im Jahr! Werden sie rar, verlegen wir sogar unser Revier in eine Gegend, wo sie zahlreicher vorkommen.

EULEN sind in der Regel nachtaktiv. Für mich gilt das nicht. Und es wäre auch gar nicht möglich, denn im hohen Norden ist es im Sommer **24 STUNDEN AM TAG HELL**. Ich bin also jederzeit bereit, mich auf Beute zu stürzen … Praktisch, nicht wahr?

V IELE Menschen halten mich für eine Art Stier: groß, stark, mit mächtigen Hörnern. Aber das ist falsch. Ich bin **KEIN RIND**, sondern eher mit Schafen, Ziegen und Gämsen verwandt.

Sie scheren uns aber nicht, sondern kämmen die Unterwolle aus, wenn wir im Sommer das Fell wechseln. Aus der Qiviut-Wolle eines einzigen Moschusochsen kann man einige Kilometer Garn spinnen. Von einem Moschusochsen bekommt man rund 2,5 kg Rohwolle im Jahr. Sie ist achtmal wärmer ist als Schafwolle.

MOSCHUSOCHSE

A USSER meinen langen gebogenen Hörnern fällt besonders mein sehr dickes Fell auf. Die Inuit nennen mich Umimmaq, was „Tier mit Fell wie Bart" bedeutet. Das Fell besteht aus zwei Schichten: einer warmen Unterwolle namens **QIVIUT** und Deckhaaren, die fast einen Meter lang sein können. Länger als bei jedem anderen Tier. An dem weichen Qiviut sind die Menschen so interessiert, dass sie sogar **MOSCHUSOCHSENFARMEN** eingerichtet haben.

ART: Säugetier> Paarhufer > Hornträger > *Ovibos* > *Ovibos moschatus*
VORKOMMEN: arktische Tundra
HÖHE: 110–165 cm
LÄNGE: 190–245 cm
GEWICHT: 225–400 kg
LEBENSERWARTUNG: 23 Jahre
BESTAND: 170.000
GEFÄHRDUNG: nicht gefährdet

I CH bin froh, dass ich nicht auf einer Farm lebe, sondern frei über die Tundra trotten kann. So wie meine Vorfahren seit Hunderttausenden von Jahren.

I M Sommer habe ich einen Harem aus bis zu neun Weibchen. Wenn sie aufmucken, verteile ich Fußtritte. Aber sind sie erst einmal trächtig, dann haben sie das Sagen und entscheiden jeden Tag, wie weit wir ziehen.

I M Winter finden wir uns zu großen Herden zusammen, dann bewegen sich oft **ÜBER 50** Moschusochsen zusammen durch die verschneite Landschaft. Wenn ein Rudel Wölfe auftaucht oder ein Eisbär oder ein Grizzlybär, dann bilden wir einen **KREIS**, wobei die jüngsten Tiere ganz in der Mitte stehen und wir Bullen außen. Ist der Anblick unserer Hörner nicht abschreckend genug, bleiben wenigstens die Jungtiere und Weibchen geschützt.

I N der Paarungszeit hört man uns Männchen noch in zwei Kilometer Entfernung. Wir fechten Kämpfe um die besten Weibchen aus. Mit einem Tempo von über 40 km/h rennen wir aufeinander zu und knallen heftig die **KÖPFE ANEINANDER**. So lange, bis einer aufgibt. Wäre zwischen meinem Gehirn und dem Schädel nicht eine Luftlücke, die als Puffer wirkt, dann wäre mein Gehirn längst Matsche.

D EM intensiven moschusähnlichen Geruch, den wir Bullen in der Paarungszeit beim Pinkeln abgeben, verdanken wir unseren Namen. Ich markiere damit zum Beispiel mein **REVIER**. Die Weibchen stehen auf den Geruch. Keine Ahnung, warum manche Menschen behaupten, wir würden stinken.

BUCKELWAL

SIEHST du mich springen? Ist das nicht ein toller Anblick? Wenn ich aus dem Wasser schieße und mit einem Riesenplatsch wieder eintauche, werde ich **PARASITEN** los, die sich an meine Haut geheftet haben. Außerdem macht das Springen einfach Spaß. Wir gelten nicht ohne Grund als fröhlichste aller Wale.

ICH singe auch gern. Stundenlang kann ich stöhnen, heulen und schreien. Ich singe das **GLEICHE LIED** wie die anderen Männchen in meiner Nähe. Wenn ich woandershin komme, wo man ein anderes Lied singt, passe ich mich an. Die Weibchen singen übrigens nicht. Das machen nur männliche Buckelwale wie ich. Die Menschen wissen bis heute nicht genau, warum ich singe. Sie meinen, es geht darum, Weibchen anzulocken. Aber ich singe ja auch zusammen mit anderen Männchen ... Wir hören einander bis in 30 Kilometern Entfernung.

Sollen die Menschen also ruhig weiterrätseln. Fest steht jedenfalls, dass ich schöner singe als alle anderen Wale.

IM Sommer nehme ich täglich gut 1.300 Kilo Nahrung zu mir: Krill und kleine Fische. Manchmal jagen meine Freunde und ich gemeinsam. Wir umkreisen einen Fischschwarm und pusten Luft durch unsere **BLASLÖCHER**. So entsteht eine Art Blasennetz, aus dem die Fische nicht entkommen können. Dann ist es so weit: Schmausen ist angesagt!

SO schlage ich mir im Sommer im kalten Wasser rund um den Nordpol den Bauch voll. Im Winter geht es dann in tropische Gewässer; dabei lege ich ungefähr 5000 Kilometer zurück. Ich paare mich dort mit mehreren Weibchen. Die Jungen kommen allerdings erst ein Jahr später zur Welt. Im Winter fresse ich eher wenig und zehre von meinem Speck, dem **BLUBBER**. Bis es im Frühling wieder nordwärts geht. Auf diese Weise kommen jedes Jahr etwa 10.000 Kilometer zusammen – so weit wandern nur wenige Säugetiere. Wenn ich es eilig habe, bin ich bis zu 27 km/h schnell, aber die Langstrecken lege ich mit durchschnittlich 2 bis 5 km/h zurück. Das Reisen dauert also ganz schön lange ...

UNTER meinen Artgenossen bin ich an meiner Rücken- und an der Schwanzflosse zu erkennen. Das Muster der Unterseite meiner Schwanzflosse ist so einzigartig wie bei euch Menschen der Fingerabdruck.

MEIN Name ist übrigens irreführend. Ich habe nämlich gar keinen **BUCKEL**. Nur wenn ich abtauche und dabei den Rücken durchbiege, sieht man einen Buckel. Aber egal, Buckelwal ist kürzer und leichter zu merken als mein wissenschaftlicher Name **MEGAPTERA NOVAEANGLIDAE**, was „großflügeliger Neuengländer" bedeutet. Und jetzt entschuldige mich: Ich breite meine großen Flügel aus und setze zum nächsten Sprung an.

ART: Säugetiere > Wale > Furchenwale > *Megaptera* > *Megaptera novaeanglidae*
VORKOMMEN: alle großen Meere
LÄNGE: 13–16 m
GEWICHT: 30.000 kg
LEBENSERWARTUNG: ca. 45 Jahre
BESTAND: 84.000
GEFÄHRDUNG: nicht gefährdet

ART: Vögel > Greifvögel > Habichtartige > *Haliaeetus* > *Haliaeetus albicilla*
VORKOMMEN: Nordeuropa und Nordasien
LÄNGE: 66–94 cm
FLÜGELSPANNWEITE: 180–250 cm
GEWICHT: 3,5–7 kg
LEBENSERWARTUNG: 20–40 Jahre
BESTAND: 20.000–50.000
GEFÄHRDUNG: nicht gefährdet

SEEADLER

WIE du siehst, passen meine Flügel nicht auf das Bild. Unter den Adlern habe ich eine der größten Flügelspannweiten. Wenn deine Mutter oder dein Vater sich auf den Boden legt, kann ich sie oder ihn komplett mit meinen Flügeln bedecken. Wegen meines Flugbilds – also, wie ich von unten betrachtet beim Fliegen aussehe – hat man mir den Spitznamen „FLIEGENDES GERÜSTBRETT" verpasst.

ICH bin mit dem berühmten Weißkopfseeadler verwandt, dem Wappentier der USA. Ihn erkennt man, wie der Name sagt, am weißen Kopf. Mein Kopf ist braun. Und ich bin das Wappentier von DEUTSCHLAND.

ALS ich meine Liebste kennenlernte, war ich fünf Jahre alt. Ich erinnere mich noch gut, wie wir die Klauen ineinanderhakten und uns fallen ließen, um im letzten Moment loszulassen und wieder aufzusteigen. Da wusste ich, dass sie die Richtige für mich ist, und wir suchten uns einen Nistplatz.

ES gibt Seeadler, die das Nest eines verstorbenen Paars beziehen – so kommt es, dass manche Nester schon SEIT ÜBER 100 JAHREN genutzt werden. Wir haben uns aus Zweigen ein neues gebaut: auf einem Felsen an der Küste. Gut möglich, dass noch viele Generationen nach uns dort wohnen werden. Es ist jedenfalls komfortabel: einen Meter breit und zwei Meter tief und mit Algen und Moos ausgepolstert. Mein Weibchen hat schon etliche Küken darin aufgezogen. Ich bleibe ihr übrigens treu, ein ganzes Leben lang.

DIE meiste Zeit des Tages tun wir nichts. Wir setzen uns auf einen Ast – am liebsten zusammen – und ruhen. Aber wehe, ein anderer Seeadler dringt in mein Revier ein! Dann kämpfe ich auf Leben und Tod.

ZWISCHENDURCH muss ich natürlich etwas fressen. Ich fange hauptsächlich Fische und Wasservögel. Mit 100 km/h stoße ich hinab und packe das Tier mit den Klauen. Manchmal erbeute ich auch einen Feldhasen oder ein Kaninchen. Oder ich jage anderen Greifvögeln den Fang ab. Vor allem FISCHADLER lassen ihre Beute schnell fallen. Auch tote Tiere, also Aas, verschmähe ich nicht. Angeschwemmt oder angefahren, ganz egal: Hauptsache, Fleisch!

DIE größte Bedrohung für uns ist der Mensch. In manchen Gegenden Europas war unsere Art fast ausgerottet, weil Bauern und Schäfer um ihre Hühner und Lämmer fürchteten. Für Jäger waren wir gute ZIELSCHEIBEN, und Sammler raubten unsere Eier. Glücklicherweise sind wir inzwischen vielerorts geschützt.

EINE schleichende Gefahr ist GIFT, das ich mit der Nahrung aufnehme. Zum Beispiel mit Kaninchen, die mit Pestiziden behandelte Pflanzen gefressen haben. Oder mit Fischen, die SCHADSTOFFE aus dem Wasser aufgenommen haben. Und wenn ich mich über erlegte Tiere hermache, die von Jägern nicht gefunden wurden, gelangt mit der Munition Blei in meinen Körper und reichert sich mit der Zeit an. Schon viele meiner Artgenossen sind an Bleivergiftung gestorben.

SO, und jetzt schwinge ich mich in die Lüfte – tschüs!

SPITZBERGENRENTIER

VIELE Menschen finden mich niedlich. Du auch? Ich bin das kleinste Rentier, das es gibt, und man trifft mich nur auf der Inselgruppe **SPITZBERGEN** an. Hier sind wir seit über 5.000 Jahren und haben uns der eiskalten gebirgigen Umgebung angepasst. Meine Beine sind kürzer als die der anderen Rentiere, mein Fell ist dicker und der Kopf rundlicher. Im Winter wird das braune Fell heller, so falle ich im Schnee weniger auf.

MEIN Geweih scheint festzusitzen, findest du nicht? Aber ich bekomme jährlich ein neues: Es wächst ab Juni, und ich trage es bis weit ins nächste Jahr hinein. Bei den Männchen bildet sich das **NEUE GEWEIH** zwischen April und Juli; es ist größer als meins, aber sie verlieren es schon Anfang des Winters wieder.

ICH bin ziemlich neugierig, darum komme ich jetzt mal ein wenig näher zu dir. Schließlich will man wissen, mit wem man es zu tun hat. Vorfahren von dir haben nämlich dafür gesorgt, dass unsere Art zu Beginn des letzten Jahrhunderts beinahe ausgerottet war. Andere wiederum haben ein **RETTUNGSPROGRAMM** gestartet, damit wir wieder mehr werden. Was nicht ganz einfach ist, denn wir bekommen nicht jedes Jahr Nachwuchs. Nach einem sehr **STRENGEN WINTER** kann es sein, dass nur zehn Prozent der Weibchen Junge kriegen – aber vorhersehbar ist das nicht.

Ich weiß noch nicht, auf welcher Seite du stehst. Falls du mir Böses willst, laufe ich davon. Mit **80 KM/H**, da kommst du nicht mit. Aber ich hoffe mal, dass du mir freundlich gesinnt bist.

IM Sommer fresse ich mir eine Fettreserve für den Winter an. Dabei bin ich nicht wählerisch und verleibe mir Pflanzen aller Art ein. Im Winter suche ich die Berghänge auf, wo weniger Schnee liegt und noch Nahrung zu finden ist. Weil ich das Moos von Steinen abknabbern muss, nutzen meine Zähne sich schnell ab. Schlimmstenfalls kann ich am Ende nichts mehr fressen und verhungere.

Es heißt, ich hätte keine "natürlichen" Feinde. Aber ich frage dich: Wie nennt man dann die **GLOBALE ERWÄRMUNG**? Allein im Jahr 2019 wurden 200 von uns tot aufgefunden! Statt Schnee fiel damals im frühen Winter Regen. Dadurch vereiste der Boden, sodass wir nicht mehr an Futter herankamen. Die Menschen bemerkten das Problem erst, als es zu spät war, denn durch unser dickes Fell sehen wir immer gut genährt aus.

JETZT aber noch etwas Schönes. Ich bin das Rentier, das den Schlitten des **WEIHNACHTSMANNS** zieht! Dasher, Dancer, Prancer, Vixen und so weiter – die Namen der Zugtiere des Weihnachtsmanns sind dir vielleicht bekannt. Aber was du bestimmt nicht weißt: Der amerikanische Schriftsteller Clement Clarke Moore schrieb erstmals über Rentiere als Helfer des Weihnachtsmanns. In einem Gedicht sprach er von *eight tiny reindeer*, also „acht winzigen Rentierchen". Und wer ist das kleinste Rentier, das es gibt? Ich!

ART: Säugetiere > Paarhufer
> Hirsche > *Rangifer*
> *Rangifer tarandus platyrhynchus*
VORKOMMEN: Spitzbergen
HÖHE: 80 cm
LÄNGE: 150–160 cm
GEWICHT: 55–90 kg
LEBENSERWARTUNG: 10–17 Jahre
BESTAND: 22.000
GEFÄHRDUNG: verletzlich

G ESTATTEN: Ich bin ein Prachteidererpel, ein Männchen also. Unsere Weibchen sind unscheinbar braun, ich dagegen prunke mit den schönsten Farben. Mein Schnabel ist rot und der Schnabelschild gelb, die Wangen sind grün, und der Oberkopf ist hellblau – kurzum: Ich bin ein **ECHTER HINGUCKER**. Nicht umsonst lautet der zweite Teil meines wissenschaftlichen Namens *spectabilis*, was so viel wie „prächtig" heißt. Außerdem bin ich die **GRÖSSTE MEERENTE** der Nordhalbkugel.

W ENN die Paarungszeit kommt, fliegen wir zu Tausenden vom Meer auf die **ARKTISCHE TUNDRA**. Dort sehe ich mich nach einem Weibchen um, das ich mit meinem hübschen Kopf beeindrucken kann. Ich mache auf mich aufmerksam, indem ich kräftig mit den Flügeln schlage, hinter dem Weibchen herlaufe und Rufe ausstoße. Ist kein **PRACHTEIDERENTENWEIBCHEN** an mir interessiert, dann tue ich mich eben mit einer gewöhnlichen Eiderente zusammen.

S OBALD meine Auserwählte ein Nest aus Gras und Daunen gebaut hat, legt sie ihre Eier. Ich suche dann das Weite. Verantwortung für Frau und Kinder tragen ist nicht mein Ding. Außerdem kommen die Weibchen ganz gut ohne männliche Unterstützung zurecht. Dass sie so **UNAUFFÄLLIG** sind, hat den großen Vorteil, dass Räuber sie leicht übersehen. Und wenn doch mal ein Polarfuchs bei den Nestern herumstreunt, machen sie sich ganz platt und rühren sich nicht. Eine gute Strategie!

Günstig ist es auch, wenn viele Lemminge in der Nähe sind. Die schmecken dem Fuchs besser, und er lässt unsere brütenden Weibchen in Ruhe.

W EIL ein Weibchen um seine Eier fürchtet, verlässt es während der drei Wochen **BRUTZEIT** das Nest so gut wie nie. Es verliert dann stark an Gewicht, denn von den umherfliegenden Insekten wird es nicht satt. Aber auch das juckt mich nicht. Ich jedenfalls lasse keine Mahlzeit aus!

A UF meinem Speisezettel stehen kleine Krebse, Fischchen, Seesterne, Seeigel und andere Meerestiere. Am allerliebsten aber mag ich **MUSCHELN**. Wenn ich nach ihnen tauche, komme ich fast 60 Meter tief.

N ACH der Brutzeit lege ich mein **SCHLICHTKLEID** an, das heißt, ich verliere meine leuchtenden Farben und bin dann so unscheinbar wie die Weibchen, abgesehen von weißen Flecken an Brust und Flügeln. Mein Schnabel ist dann blassorange, der gelbe Schild kleiner und dunkel gesprenkelt. Schon klar, mit diesem Outfit ist kein Staat zu machen. Aber das ist auch erst wieder zur nächsten Paarungszeit nötig. Dann präsentiere ich mich schöner denn je!

ART: Vögel > Gänsevögel > Entenvögel > *Somateria* > *Somateria spectabilis*
VORKOMMEN: Küstengebiete von Nordamerika, Nordeuropa und Nordasien
LÄNGE: 46–64 cm
FLÜGELSPANNWEITE: 86–102 cm
GEWICHT: 0,9–2 kg
LEBENSERWARTUNG: 15–20 Jahre
BESTAND 790.000–930.000
GEFÄHRDUNG: nicht gefährdet

PRACHTEIDERENTE

MEINE Federhaube ist cool, oder? Und die weiße Linie von den Augen bis in den Nacken rundet meinen Look ab. Mit dem schönen Kopfschmuck locke ich eine Partnerin an. Mein Schnabel ist vor allem zur Paarungszeit leuchtend orange. Was du auf dem Bild nicht sehen kannst: Ich dufte nach MANDARINEN. Ungelogen! Den Geruch sondern Drüsen über die Federn zwischen meinen Schulterblättern ab. Ich übertrage ihn auf ein Weibchen, das mir gefällt, und schnuppere dann zwischen ihren Schulterblättern, ob sie genauso gut riecht wie ich. Auf ihre Haube achte ich natürlich auch. Wie viele Federn hat sie? Es können zehn sein, aber auch mehr. Und sie sollen sich schön nach vorne neigen. Schließlich will man auch was fürs Auge!

WENN das Weibchen mir zusagt (und ich ihr ebenfalls – sie hat das letzte Wort), dann paaren wir uns über dem Meer. Dabei FLIEGE ich über ihr und muss gut zielen, denn ich habe keinen ... äh ... du weißt schon. Jedenfalls: Wenn es klappt, legt sie später ein Ei.

AUF dem Meer bin ich ein eher stiller Zeitgenosse. Wenn wir uns aber an Land in einer Brutkolonie sammeln und unsere Küken aufziehen, melde ich mich lautstark zu Wort. Ich STÖHNE, BELLE UND TROMPETE so laut, dass dir die Ohren zufallen. Kein Wunder, denn solch eine Kolonie umfasst manchmal mehr als 100.000 Vögel.

SCHOPFALK

ART: Vögel > Regenbogenpfeiferartige > Alkenvögel > *Aethia* > *Aethia cristatella*
VORKOMMEN: Nordpazifik und Beringsee
LÄNGE: 24–27 cm
FLÜGELSPANNWEITE: 34–50 cm
GEWICHT: 200–330 g
LEBENSERWARTUNG: ca. 9 Jahre
BESTAND: 8.000.000
GEFÄHRDUNG: nicht gefährdet

ICH verbringe die meiste Zeit meines Lebens auf dem Meer und bin ganz darauf eingerichtet. Mein GEFIEDER ist WASSERABWEISEND und meine Knochen sind stark genug, um beim Tauchen dem Wasserdruck standzuhalten. Aus der Tiefe hole ich mir Krill, kleine Quallen und Tintenfischchen.

An Land bin ich längst nicht so wendig wie im Wasser. Meine Beine setzen ziemlich weit hinten an, darum gehe ich ein wenig unbeholfen. Aber an Land bin ich sowieso nur im Frühling zur Brutzeit.

DAS Nest legen wir gern in Schutthalden an der Küste kleinerer Inseln an. Unser Ei brüten wir abwechselnd in etwas mehr als einem Monat aus. Und wir ziehen das Küken auch gemeinsam auf. Es ist von Anfang an gut bei Stimme. Wenn mein Weibchen und ich da sind, macht es mit PIEPSLAUTEN auf sich aufmerksam, und wenn wir weg sind, pfeift es, bis wir wiederkommen. So geht das einige Wochen, bis es groß genug ist, um selbst aufs Meer hinauszufliegen. Wir folgen dann ... bis zur nächsten Brutsaison.

DIE Menschen lieben mich. Vermutlich, weil ich mit den Hunden verwandt bin, die sie gern als Hausgenossen halten. Aber auch, weil ich so fröhlich und verspielt bin, dass sie mich „**CLOWN DER TUNDRA**“ nennen. Aber ich lebe nicht nur in der Tundra, sondern auch auf dem Packeis.

WINTERSCHLAF ist nicht mein Ding. Du triffst mich also das ganze Jahr über an. Das heißt, sofern du mich überhaupt entdeckst. Meine **FELLFARBE** ändert sich nämlich mit den Jahreszeiten. Im Sommer bin ich grau oder braun und nur am Bauch hell, sodass ich in der braungrünen Landschaft schwer auszumachen bin. Und im Winter ist mein Fell schneeweiß.

MEIN kurzes Leben verbringe ich am liebsten mit ein und demselben Weibchen. Jeden Frühling bekommen wir **NACHWUCHS**: bis zu zwölf Junge, die wir gemeinsam aufziehen. Die Söhne bleiben in der Familiengruppe, wenn sie groß sind, die Töchter dagegen wandern ab und gründen eigene Familien.

Wir leben in Höhlen aus **TUNNELGÄNGEN**, die oft schon unsere Vorfahren gegraben haben. Der Bau, den meine Familie bewohnt, ist zum Beispiel Hunderte von Jahren alt und hat 90 Eingänge.

ICH jage Nagetiere, am liebsten **LEMMINGE**. Bis zu zwölf davon verdrücke ich am Tag. Außerdem fresse ich Vögel, Robbenbabys und sogar Fische. Und gern auch mal ein Ei oder ein paar Beeren und Früchte.

Ich kann so gut riechen und hören, dass ich meine Beute sogar unter dem Schnee finde, und wenn sie davonläuft, nehme ich mit fast 50 km/h die Verfolgung auf. Aber manchmal ist es mit Schnelligkeit nicht getan, dann muss ich schlau sein. Im Winter, wenn die Nahrung knapp ist, folge ich den **SPUREN DER EISBÄREN** und finde, wenn ich Glück habe, die Überreste einer getöteten Robbe.

POLARFUCHS

DAS Fell tarnt mich nicht nur, es hält mich auch warm. Ich habe das dickste Fell aller Tiere des Nordens und kann Temperaturen von -50 Grad aushalten. Weil meine Beine und meine Schnauze kurz sind und die Ohren klein und abgerundet, verliere ich nur wenig Wärme. Wenn ich den **LANGEN, FLAUSCHIGEN SCHWANZ** um mich lege, wärmt das zusätzlich. Und sollte ich doch einmal frieren, dann erhöht sich mein Stoffwechsel, und mir wird automatisch warm.

ART: Säugetiere >Raubtiere > Hunde > *Vulpes* > *Vulpes lagopus*
VORKOMMEN: Tundren von Eurasien, Nordamerika, Grönland, Island, Skandinavien und Spitzbergen
HÖHE: 30 cm
LÄNGE: 50–75 cm (Schwanz über 30 cm lang)
GEWICHT: 2–9 kg
LEBENSERWARTUNG: 3–6 Jahre
BESTAND: mehrere Hunderttausend
GEFÄHRDUNG: nicht gefährdet

LEIDER gibt es im hohen Norden immer mehr Rotfüchse, die mir die Nahrung wegfressen. Und damit nicht genug: Wenn sie richtig hungrig sind, stellen sie mir auch nach. Sie sind meine Hauptfeinde, neben Eisbären, Wölfen und Vielfraßen – und natürlich den **MENSCHEN**, die mich wegen meines schönen weißen Fells statt mit der Kamera in Fallen einfangen.

ICH habe viele Namen. „Kleiner Bruder des Nordens“ ist die Bedeutung meines wissenschaftlichen Namens. Das gefällt mir gut. Weniger schön finde ich den Spitznamen **CLOWN DER MEERE**. So nennt man mich, weil ich beim Landen nicht sonderlich geschickt bin. Fliegen kann ich aber sehr gut, auch wenn ich mit meinen kurzen Flügeln heftig schlagen muss: 300 bis 400 Mal pro Minute. Dann sause ich mit 80 km/h über dem Wasser dahin! Aber das Landen … wie gesagt: Manchmal pralle ich gegen einen Artgenossen oder eine Welle oder ich überschlage mich.

DEN größten Teil des Jahres verbringe ich auf dem Meer. Ich kann ausgezeichnet schwimmen. Meine Flügel dienen dabei als **PADDEL** und die Füße mit den Schwimmhäuten als **RUDER**. Nach leckeren Fischen tauche ich bis zu 60 Meter tief – ich kann zwei Minuten die Luft anhalten. Der große Papageischnabel ist nicht nur schön, sondern auch praktisch. Ich kann damit viele Fischchen gleichzeitig transportieren. Mein Rekord liegt bei 60!

JA, wir haben nur ein Küken pro Jahr. Das einzige Ei, das mein Weibchen legt, brüten wir gemeinsam in sechs Wochen aus. Und wir besorgen abwechselnd Futter, für uns und natürlich für unseren Sohn. Erst im Alter von eineinhalb Monaten wird er das Nest verlassen und sein Geschäftchen in der **MULDE** verrichten, die ich immer näher am Eingang anlege. Wir wollen nicht nur, dass unser Zuhause sauber bleibt, auch unser Gefieder darf nicht verschmutzen, sonst wäre es nicht mehr wasserabweisend.

PAPAGEIENTAUCHER

DIE meisten Menschen kennen mich als **PAPAGEIENTAUCHER**. Den farbenfrohen Schnabel habe ich nur, wenn ich mein Prachtkleid trage, um Weibchen zu beeindrucken. Im Winter ist er kleiner und blasser. Außer dem Schnabel verändern sich auch meine Beine. Sie sind im Winter hellgelb, und wenn es auf die Paarungszeit zugeht, werden sie **LEUCHTEND ORANGE**.

IM April, wenn es Zeit zum Brüten wird, kehre ich mit meiner Gefährtin zu unserem Nest zurück. Es ist **TUNNELARTIG** und tief, ich habe es selbst mit Schnabel und Krallen angelegt. Ganz am Ende ist die Nestkammer, die mit Gras und Federn ausgepolstert wird. Und an der ersten Tunnelbiegung habe ich eine kleine Mulde angelegt, dort kann unser Küken seinen Kot absetzen.

NACHDEM unser Sohn flügge geworden ist, verbringt er drei bis fünf Jahre auf dem Meer, ehe er sich ein Weibchen sucht, mit dem er den Rest seines Lebens zusammenbleibt.

ART: Vögel > Regenpfeiferartige > Alk > *Fraterculini* > *Fratercula arctica*
VORKOMMEN: Kanada im Westen bis Dänemark im Osten und Spitzbergen im Norden bis Spanien im Süden
LÄNGE: 28–30 cm
FLÜGELSPANNWEITE: 47–63 cm
GEWICHT: 490 g
LEBENSERWARTUNG: 20–40 Jahre
BESTAND: 16.000.000
GEFÄHRDUNG: verletzlich

AUF dem Bild siehst du mich mit meiner Tochter. Was bin ich stolz auf sie! Ich bekomme nur alle paar Jahre ein Junges, nach **15 MONATEN TRÄCHTIGKEIT**. Mein Kind verteidige ich unter Einsatz meines Lebens. Wenn ich einen Angreifer nicht abwehren kann, lege ich die Flossen um das Kleine, drücke es an meine Brust und tauche mit ihm ab.

MAG sein, dass ich gefährlich aussehe, aber ich tue dir nichts. Ich ernähre mich hauptsächlich von Seegurken, Krebstieren und Muscheln. Letztere mag ich am liebsten. Mit meinen vielen **BARTBORSTEN** ertaste ich sie am Meeresgrund. Habe ich eine Muschel gefunden, dann umschließe ich sie mit meinen Lippen und ziehe rasch die Zunge zurück. So entsteht ein Vakuum, und die Muschel wird aus ihrer Schale gesaugt. Dafür brauche ich kein Werkzeug! Mit dem Futtern bin ich ziemlich lange beschäftigt, weil ich mir pro Mahlzeit zwischen 3000 und 6000 Muscheln einverleibe.

WALROSS

ICH bin ziemlich schreckhaft, das gebe ich zu. Wenn ich zusammen mit Artgenossen ruhe, reicht ein leises unbekanntes Geräusch, und wir ergreifen allesamt die Flucht. Und weil wir nicht die Leichtesten sind, kann es dabei Verletzte und sogar Tote geben. Leider sind menschliche **TOURISTEN** erpicht darauf, uns zu sehen, und der Lärm ihrer Boote und Flugzeuge jagt uns den größten Schrecken ein.

OKAY, ich gestehe, dass ich manchmal auch Fleisch von Säugetieren fresse. Wenn eine Robbe oder ein Narwal im Eis stecken bleibt, sage ich nicht Nein. Mit meinen hauerartigen Eckzähnen reiße ich dann Fleischbrocken aus der Beute. Diese **STOSSZÄHNE** werden übrigens bis zu einem Meter lang, und das Walross mit den längsten Hauern hat das höchste Ansehen in der Gruppe.

MIT den Zähnen verteidige ich mich auch gegen Angreifer – ich habe schon manchen Eisbär eine Lektion gelehrt. Dabei muss ich jedoch aufpassen, dass nichts davon abbricht, sonst verliere ich an Ansehen. Aber zum Glück wachsen die Zähne lebenslang nach.

Sie sind außerdem nützlich, um Atemlöcher im Eis aufzubrechen. Und ich hieve mich mit ihnen aus dem Wasser hoch. Wahrscheinlich ist das der Grund, warum die Menschen sich diesen seltsamen wissenschaftlichen Namen für uns ausgedacht haben. *Odobenus rosmarus* bedeutet **„SEEPFERD, DAS AUF DEN ZÄHNEN GEHT“**.

DIE langen Zähne sind kein Unterscheidungsmerkmal zwischen männlich und weiblich. Wir haben alle eindrucksvolle Hauer! Ich verrate dir, woran du uns unterscheiden kannst: am **PENISKNOCHEN**! Walrossbullen haben den längsten Penisknochen aller Tiere der Erde, er misst mehr als 60 Zentimeter.

ART: Säugetiere > Raubtiere > Walrosse > *Odobenus* > *Odobenus rosmarus*
VORKOMMEN: nördliche Bereiche von Atlantik und Pazifik sowie Laptewsee
LÄNGE: 230–360 cm
GEWICHT: 700–1.500 kg
LEBENSERWARTUNG: 16–40 Jahre
BESTAND: 225.000
GEFÄHRDUNG: verletzlich

O BWOHL ich zu den kleineren Walarten gehöre, bin ich nicht gerade der Unauffälligste. Dank meiner strahlend weißen Farbe halten viele Menschen mich sogar für den schönsten aller Wale!

W EISS war ich übrigens nicht von Anfang an. Bei meiner Geburt hatte ich eine dunkelgraue Haut, und es hat gut acht Jahre gedauert, bis ich so aussah wie jetzt. Mein Name kommt aus dem Russischen: **BELAJA** bedeutet „**DER WEISSE**", darum nennt man mich auch Weißwal. Ich häute mich jeden Sommer und unterstütze den Vorgang durch Reiben an Kieseln.

W ENN ich mit offenem Maul auf dich zuschwimme, erschrickst du vermutlich. Aber keine Angst, ich beiße nicht. Wir sind **FREUNDLICH** zu den Menschen. Manche von uns haben sogar schon Ertrinkende gerettet, indem sie sie an die Wasseroberfläche schubsten. Und weil ich ein neugieriges Wesen habe, sieht man mich oft bei Schiffen oder in Küstennähe.

S ICHERLICH ist dir schon meine ballonartig gewölbte Stirn aufgefallen. Sie wird Melone genannt. Und die Melone dient nicht etwa als Puffer, sondern trägt dazu bei, dass ich Laute hervorbringen kann: Ich kann pfeifen, gackern, piepsen, zwitschern ... und manchmal ahme ich sogar menschliche Stimmen nach. Kein Wunder, dass man mir den Spitznamen „**MEERES-KANARIENVOGEL**" gegeben hat.

BELUGA

ART: Säugetiere > Wale > Gründelwale > *Delphinapterus* > *Delphinapterus leucas*
VORKOMMEN: arktische und subarktische Meeresbereiche
LÄNGE: 4–6 m
GEWICHT: 1.000–1.500 kg
LEBENSERWARTUNG: 30–50 Jahre
BESTAND: 150.000
GEFÄHRDUNG: empfindlich

M EINE kegelförmigen Zähne dienen nicht zum Kauen, sondern um Fische festzuhalten, ehe ich sie als Ganzes verschlucke. Ich tauche bis in **700 METER TIEFE** nach Nahrung – außer Fischen mag ich Tintenfische, Krebstiere und Muscheln. Spätestens nach 25 Minuten muss ich wieder an die Luft, denn ich bin ein Säugetier, genau wie du.

I CH spiele sehr gern. Mit allem, was ich so im Wasser finde: Treibholz, Pflanzen, tote Fische ... Auch mit Luftblasen lässt es sich herrlich spielen. Und rückwärts schwimmen kann ich auch.

W ENN im Winter das Meer im hohen Norden zufriert, ziehe ich **SÜDWÄRTS**. Mein Kopf und der Rücken sind stark genug, um damit dünnes Eis zu durchbrechen. Ist es aber dicker und der Weg bis ins eisfreie Wasser weit, gibt es keine Rettung mehr. Zumal an den Atemlöchern Eisbären lauern und zuschlagen, sobald ich auftauche.

Da mache ich mich doch lieber rechtzeitig in südlichere Gewässer auf!

SEEOTTER

WIR haben's gemütlich, mein Junges und ich, wenn wir uns auf dem Wasser treiben lassen. Die ersten sechs Monate seines Lebens kümmere ich mich um das Kleine. Sein Fell ist anfangs so dicht, **DASS ES NICHT UNTERGEHT**. Ich kann es also kurz allein lassen, um nach Futter zu tauchen.

OFT tue ich mich mit Freundinnen zusammen, und wir treiben gemeinsam auf dem Wasser. Damit wir im Schlaf nicht auseinanderdriften, umwickeln wir uns mit Seetang und halten uns an den Pfoten fest. Auf diese Weise bilden wir ein „**FLOSS**" aus manchmal 1.000 Tieren.

EIGENTLICH brauche ich das Wasser nie zu verlassen, zu kalt wird mir darin nicht. Auch wenn ich **KEINEN BLUBBER** habe, so wie Robben. Ich habe das dichteste und feinste Fell im ganzen Tierreich, mit 100.000 bis 140.000 Haaren pro Quadratzentimeter! Und das ist nicht der einzige Rekord. Obwohl wir Seeotter zu den **KLEINSTEN MEERESSÄUGERN** zählen, sind wir die Größten in der Familie der Marder. Außerdem die einzigen Meeressäugetiere, die bei der Nahrungssuche am Grund Steine umdrehen, um zum Beispiel **SEEIGEL** zu finden, und die einzigen, die Fische mit den Pfoten fangen statt mit dem Maul.

WIE ihr Menschen benutze ich Werkzeuge. Auch das machen mir nicht viele Tiere nach. Ich habe immer einen **STEIN** unter der Achsel, mit dem ich Muscheln und Krebstiere öffne.

Der Stein kommt auch zum Einsatz, wenn eine Meeresschnecke sich sehr fest an den Untergrund geheftet hat. Ja, für eine schmackhafte Mahlzeit muss man sich manchmal anstrengen! Habe ich etwas Leckeres ergattert, dann verspeise ich es auf dem Rücken treibend.

ICH bin ein kleiner **VIELFRASS** und nehme täglich gut ein Viertel meines Körpergewichts an Nahrung zu mir. Das ist nötig, um warm zu bleiben. Aus demselben Grund halte ich mein Fell sauber. Wird es schmutzig, dann ist nicht mehr genug wärmende Luft zwischen den Haaren. Also wasche ich mich immer ausgiebig. Das Schlimmste, was mir passieren kann, ist, in einen Ölteppich zu geraten. Dann kleben meine Haare zusammen, und ich erfriere.

FRÜHER wurden wir wegen unseres schönen Pelzes gejagt. So stark, dass wir nahezu ausgerottet waren. Glücklicherweise sind wir **SEIT ÜBER 100 JAHREN GESCHÜTZT**. Heutzutage geht es also vor allem darum, sich vor ausgelaufenem Öl zu hüten.

So, und jetzt lasse ich mich mit meinem Jungen weitertreiben!

ART: Säugetiere > Raubtiere > Marder > *Enhydra* > *Enhydra lutris*
VORKOMMEN: Küsten der Beringsee, Pazifikküste in Kanada, Kalifornien
LÄNGE: 70–120 cm (Schwanz: 30 cm)
GEWICHT: 15–45 kg
LEBENSERWARTUNG: 12–25 Jahre
BESTAND: 150.000
GEFÄHRDUNG: gefährdet

POTTWAL

ART: Säugetiere > Wale > Pottwale > *Physeter* > *Physeter macrocephalus*
VORKOMMEN: alle Ozeane
LÄNGE: 12–20 m
GEWICHT: 35.000–57.000 kg
LEBENSERWARTUNG: 60–70 Jahre
BESTAND: 300.000
GEFÄHRDUNGSSTATUS: gefährdet

ICH habe das größte Gehirn aller Lebewesen. Es misst über 8.000 Kubikzentimeter. Cool, nicht wahr? Aber eigentlich ist es eine Frage des Verhältnisses: Mein Gehirn ist über fünfmal größer als das eines Menschen, aber ich wiege mehr als 700 Menschen. Nun gut, lassen wir das Thema ...

Außer dem Gehirn habe ich noch etwas anderes im Kopf: etwa 2.000 Liter von einer **ÖLIGEN WEISSEN FLÜSSIGKEIT**. Mein Sperma, dachte man früher. Aber das stimmt nicht, auch wenn ich dadurch zu meinem englischen Namen **SPERM WHALE** gekommen bin.

DIE Flüssigkeit nennt man **WALRAT**, und vor allem im 19. Jahrhundert hat man mich deswegen gejagt. Das Walrat verwendete man für Kerzen und als Schmiermittel für allerlei feine Mechaniken, zum Beispiel in Taschenuhren.

Später dann waren die Menschen nicht mehr groß an Walrat interessiert, dafür aber an einer anderen Substanz in meinem Körper. Mein Darm enthält **AMBRA**, eine wachsartige Masse. Sie bewirkt, dass die unverdaulichen Teile von Tintenfischen (meiner Lieblingsspeise) besser durchrutschen. Igitt!, denkst du jetzt wahrscheinlich, wer will so ekliges Zeug haben? Nun, die Menschen haben es bei der Parfümherstellung verwendet. Und fanden, dass man uns Pottwale deswegen umbringen durfte!

Der größte Ambraklumpen, der je in einem Pottwal gefunden wurde, wog 455 Kilo und wäre heute fast 4,5 Millionen Euro wert." Das mit dem Umbringen leuchtet dir ein? Mir nicht! Ich bin doch wohl mehr als zwei Millionen Euro wert!

ÜBERLEG mal: Bevor man uns ab dem 18. Jahrhundert jagte, gab es 1.100.000 Pottwale, jetzt sind es nur noch 300.000. Der Pottwalfang wurde 1986 verboten. Nur noch die Einwohner der zwei indonesischen Dörfer Lamalera und Lamakera dürfen uns fangen – für den eigenen Bedarf. Für mich heißt das: fernhalten von dort!

WIE schon gesagt: Ich liebe Tintenfische! Davon verspeise ich rund 900 Kilo pro Tag. Das ist doch was anderes als ein Teller Gemüse und zwei Stück Obst (was mir beides nicht schmecken würde)! Und einem Rochen oder einem Riesenmaulhai bin ich auch nicht abgeneigt.

Wenn du das liest, wird es dich nicht wundern, dass ich keine Barten habe wie viele andere Wale, sondern Zähne. Bei der Nahrungssuche tauche ich oft **EINEN KILOMETER TIEF**, manchmal auch fast drei. Und ich kann zwei Stunden die Luft anhalten.

Hast du gewusst, dass es ein weltberühmtes Buch über einen Pottwal gibt? Es hat den Titel *Moby Dick*. Der „Romanheld" Moby Dick hat nie existiert, sehr wohl aber zwei Pottwale, die den Autor Herman Melville zu der Geschichte angeregt haben: der Pottwal, der im Jahr 1820 das Walfangschiff *Essex* versenkte, und ein **ALBINO-POTTWAL** namens **MOCHA DICK**.

NORD
WEST
OST
SÜD
ALASKA
GRÖNLAND
ISLAND
NORDAMERIKA
BERINGMEER
ATLANTIK
KÜSTENSEESCHWALBE
BUCKELWAL
POTTWAL
BASSTÖLPEL

NORDPOLARMEER
SPITZBERGEN
SIBIRIEN
SKANDINAVIEN
POLARKREIS
EUROPA
PAZIFIK
WOHIN ZIEHT ES MICH?
SÜDPOLARMEER

Hast du die Reise genossen?
Und die Geschichten von mir
und meinen Freunden?

Unsere Welt im Norden ist wunderschön,
aber damit sie erhalten bleibt, brauchen
wir deine Hilfe.

Indem du dich für den Naturschutz
einsetzt, trägst du dazu bei, dass
es uns alle weiterhin gibt.

DANKE!

NORDPAZIFIK
BERINGMEER
ALASKA (USA)
BERINGSTRASSE
POLARKREIS
NORDAMERIKA
SIBIRIEN
RUSSLAND
BEAUFORTSEE
KANADA
NORDPOLARMEER
NORDPOL
ARKTIS
NOVA ZEMBLA
BAFFINBAI
SPITZBERGEN
GRÖNLANDSEE
GRÖNLAND
BARENTSSEE
NORDKAP
SKANDINAVIEN
FINNLAND
ISLAND
NORWEGEN
ATLANTIK
SCHWEDEN
NORDSEE
EUROPA

Wer steht wo in diesem Buch?

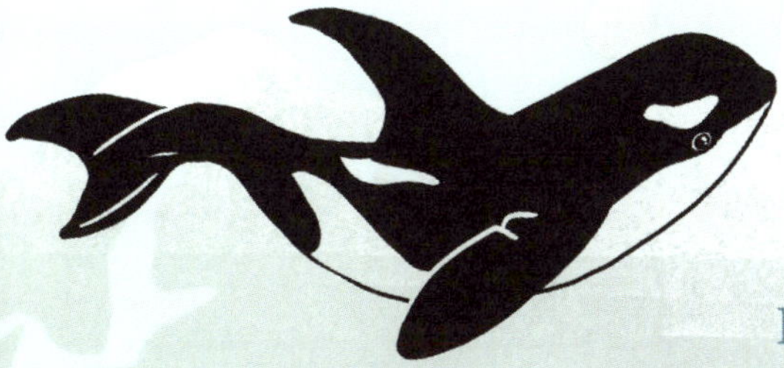

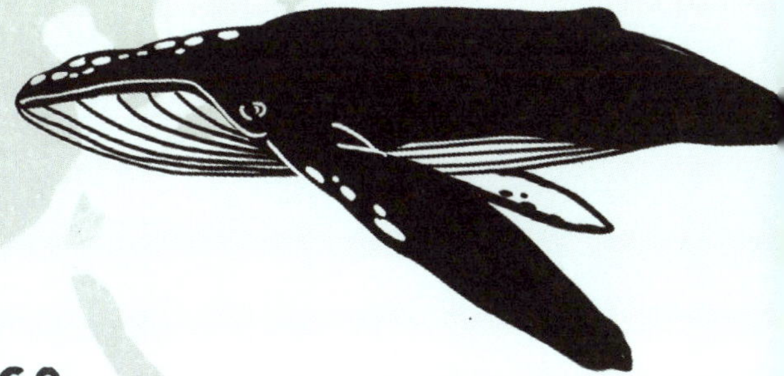

DANKE

Zunächst danke an dich fürs Lesen und Betrachten dieses Buchs. Ich hoffe, du hast viel über die besonderen Tiere des Nordens erfahren und sie ein wenig lieben gelernt.

Danken möchte ich außerdem einigen Personen, die mich ermutigt haben, meinem Traum zu folgen und dieses Buch zu machen:

Jesse für deine wunderbaren Texte, die jedem Tier eine eigene Stimme geben und mit den Illustrationen ein prächtiges Ganzes bilden.

Pieter, weil du mich immer wieder motiviert hast dranzubleiben, dich im Haus um alles gekümmert hast, wenn ich noch mit tintenverschmierten Händen im Atelier beschäftigt war, und weil du mich ermuntert hast, die Reise nach Spitzbergen zu unternehmen.

Paula und Jan für die herrlich inspirierenden Geschichten über eure Segeltörns im hohen Norden, für euer Wissen und eure Erfahrung sowie das Coaching und Engagement beim kreativen Entstehungsprozess.

Bjorn und Debra von *Ontdek Spitsbergen* für alle Unterstützung bei meiner Reise nach Spitzbergen, damit ich dort recherchieren und Inspiration sammeln konnte. Es war eine unvergessliche Erfahrung!

Dem Verlag Lemniscaat für die Möglichkeit, dieses Buch zu machen. Danke für euer Vertrauen und die so angenehme Zusammenarbeit.

Und schließlich danke ich noch meinen Kindern, die mich lehren, jeden Tag aufs Neue über all das Schöne auf der Erde zu staunen, auch über das ganz in unserer Nähe!

Marieke ten Berge